늙은 시인으로부터의 편지

|시인이 들려주는 문학과 인생 이야기|

늙은 시인으로부터의 편지

김대규 지음

| 프롤로그 |

  이 『늙은 시인으로부터의 편지』는 미지의 독자들을 대상으로, 월간 문예지 《문학공간》에 2008년 3월호부터 2010년 5월호까지 연재했던 서간문 형식의 시와 인생에 대한 글들입니다.
  나는 편지 쓰기를 참 좋아합니다. 일반적인 글쓰기에서 취할 수 없는 내밀한 얘기나 진솔한 사정私情들을 형식에 구애받지 않고 풀어낼 수 있기 때문입니다.
  더구나 나는 지금도 원고지에 글을 씁니다. '손'으로 직접 쓴다는 행위에는 컴퓨터 때문에 점점 마멸되는 인간적인 육성의 친밀감이 배어 있다고 생각합니다. 그래서 기증본을 받거나 독자들의 편지에는 빠짐없이 개인용 엽서에 답장을 써서 보냅니다.
  이 책자의 간행을 위해 원고들을 다시 읽어 보노라니 적지 않은 책 소개와 인용들이 있음을 알게 되었습니다. 따라서 이 책은 지금까지 살아오면서 깨우친 시와 인생에 대한 독후감이라 해도 무방하겠습니다.

  내가 이메일을 못하기 때문에, 짧지 않은 육필 원고를 팩스로 보낼 때마다 이를 정리하느라 수고를 해준 《문학공간》 편집기자 님에게 남다른 고마움을 느끼며, 최광호 주간님과 임직원 일동께 감사의 뜻을 전합니다.

2012년 5월
김대규

차례 시인이 들려주는 문학과 인생 이야기
늙은 시인으로부터의 편지

□ 프롤로그

문학을 한다는 것__9
시인에게 묻는 10가지 질문·1__19
시인에게 묻는 10가지 질문·2__26
시란 무엇인가·1__33
시란 무엇인가·2__40
고사성어 시론__47
'한 권의 책'과 '최후의 저자'__52
내가 읽은 독서 안내서들__58
명 첫 문장 10선__65
나의 문학 십훈+訓__72
시인을 위한 '아포리즘' 100선__78
'시인'에 대한 단상__87
내가 좋아하는 시구들__96
당신은 누구에게 저서를 헌정하겠는가?__104
문인들의 사랑 이야기__115

'담배와 시'에 대하여·1__125
'담배와 시'에 대하여·2__135
나의 인생 어록__143
'시와 술'에 대하여·1__153
'시와 술'에 대하여·2__165
문인들의 묘비명__175
'모성문학'을 위한 비망록__185
'일행시'와 '일자시'에 대하여__195
노벨문학상 수상소감 연설__206
'병'과 문학에 대하여__217
'고백'으로서의 문학__226
인생이라는 여행__236

□ 에필로그

늙은 시인으로부터의 편지 · 01

문학을 한다는 것

　이제부터 나는 미지의 당신에게 길고 긴 편지를 쓰고자 합니다. '미지의 당신'이라고는 하지만, 우리는 어쩌면 어느 주점에선가 눈길이 마주쳤었거나 전철의 옆 좌석에 앉았었거나, 같은 영화관에서 같은 시간에 영화를 감상했거나, 같은 서점에서 같은 책을 구입했거나, 특히 문예지의 지면에서 서로 필자와 독자로 이미 상봉한 일이 있었을지도 모릅니다. 만일 당신이 나의 책이나 작품을 읽은 적이 있다면, 나는 문학이 중매자가 된 그 우연의 필연성을 더 소중히 간직하게 될 것입니다.
　사람의 만남에 있어 '책'보다 더 좋은 곳이 있을까요. 책은 시공을 초월해 사자死者와 미래의 사람까지도 만나 볼 수 있게 해줍니다. 누군가의 책을 읽는다는 것은 그와 대화를 나누기 시작했다는 것이며, 그 이후부터는 그와의 만남이 지속된다는 것을 뜻합니다. 그것은 한 권의 책뿐만이 아니라, 한 편의 시, 단 한 줄의 명구名句만으로도 가능한 일입니다. 히포크라테스는 명의가 아니라 "예술은 길고, 인생은 짧다."라는 한마디로 우리의 가슴속에 영원히 아로새겨져 있지 않습니까.

그래서 문제는 마음, 곧 영혼입니다. 한 편의 시가 당신의 가슴에 거처를 마련하면, 그 시인과의 영혼의 동거가 이뤄지는 것입니다. 동거인이 많아질수록 당신의 삶은 나날이 시의 축제가 되겠지요. 그것은 축복받은 영혼입니다. 인생이 축제인 사람은 그리 많지 않으니까요.

나의 편지는 당신이 문학을 지극히 사랑한다는, 환언하자면 당신이 그 선택받은 사람의 하나라는 전제로 쓰여집니다. 만일 당신이 그 축복받은 영혼의 소유자가 아니었다면, 이 편지를 개봉하지는 않았을 테니까요.

아, 그런데 한 가지 그냥 지나칠 뻔한 중요한 얘기가 있습니다. 이 편지가 당신에게 보내는 '첫 편지'라는 것. 언어가 문학의 산실이고, 더구나 시인은 언어의 미세공美細工일진대, '첫 편지'의 의미, 곧 '첫' 자의 소중함을 어찌 간과할 수 있겠습니까.

'첫'은 물론 '처음'을 나타내는 말입니다. 첫걸음·첫눈(雪·目)·첫인상·첫 술·첫 월급·첫 단추·첫날밤·첫사랑 등등, 많은 용례가 있습니다. 모두 첫 경험의 중요성을 각인시키는 말이지요. 책 중의 책이라는 성경 구약의 첫 번째인 창세기의 첫 장 첫 구절도 "태초太初에 하나님이 천지를 창조하시니라."로 시작되지 않습니까. 그 '태초에'가 바로 '첫'이지요. 이를 한국천주교 주교회의가 발행한 성경에는 '한처음에'라고 새롭게 번역돼 있습니다. '한처음'은 한자어 '태초'의 직역인데, 여기서 '한'은 '한글, 한길, 한가지, 한마음'에서처럼 크고, 유일하고, 전체적인 의미로 쓰인 것입니다. 그러니까 '한처음'은 처음 중의 처음, 곧 하느님이 우주를 창조해 내신 순간의 경건하고 장엄한 출발점을 일컫는 것입니다. 그래서 '첫'이 중요하다는 것이지요.

그게 어디 하느님뿐이겠습니까. '첫'의 중요성은 인간이 첫 생명을 부여받고, 첫 세상에 첫발을 내딛게 되고부터 맞이하는 모든 경험마다 그의 삶의 내용을 결정하는 동인動因이 되기에 그 중요성은 아무리 강조해도 모자랄 것입니다. 한마디로 '첫'은 운명의 '이니셜(initial)'인 것입니다.

예컨대 사랑의 과정에 있어서 그 '운명의 이니셜'은 이렇게 풀이 될 수 있겠습니다. 즉, 첫 사람은 운명의 안내자, 첫 만남은 운명의 인터뷰, 첫 편지는 운명의 서명, 첫 술잔은 운명의 부라보, 첫 키스는 운명의 조인식, 첫날밤은 운명의 합숙, 첫 눈물은 운명의 기상예보, 첫 이별은 운명의 반납. 때문에 '첫사랑'은 '운명의 운명'이 되는 것입니다.

나는 이렇듯 운명론자이기에 당신에게 보내는 이 첫 편지에 내 영혼의 서명을 하는 것입니다.

이야기가 좀 벗어났나요. 그렇다면 당신은 문학을 한다는 것이 무엇이라고 생각해 오셨습니까. 문학의 관념적인 정의가 아니라 문학 행위의 본질적인 의미 말입니다. 나는 문학을 한다는 것은 인생을 '다르게' 산다는 의지라고 생각합니다. 문학은 단순히 '쓰는' 것이 아닙니다. 인생을 '읽어 내는 것' 입니다. 다른 각도, 다른 높이, 다른 깊이에서, 다른 느낌과 다른 생각을 다른 방법, 곧 나만의 방식으로 펼쳐 가는 것입니다. 그러려면 무엇보다도 자기만의 삶이 있어야 합니다. 버지니아 울프가 말한 '자기만의 방'에서 당신만의 꿈을 키워야 합니다. 개성의 무주택자는 영혼의 걸인입니다.

일반적인 의미에서도 문학은 '쓰기'보다 '읽기'가 우선합니다. 책이라는 가공의 세계에서 수련한 독해력으로 인생을 잘 읽어 내야 합니다. 뛰어난 읽어 냄이 아닌 뛰어난 문학은 없습니다. 실제로 문학은 유년 시절의 독서 취향으로부터 시작되지 않습니까. 사춘기를 전후해서 그 아이가 무언가 종이 위에 끄적거리기 시작했을 때 그에게는 '인생'이라는 독본이 주어진 것입니다. 그가 그 인생 독본을 어떻게 읽어 가느냐에 그의 문학 운명이 좌우되지요.

인생 독본은 점자책과 유사합니다. 맹인들이 손가락 끝에 온 신경을 집중하듯, 우리는 인생 독본을 감성의 영혼을 집중해 해독해야 합니다. 우리는 인생에 있어서 똑같이 맹인들이니까요. 그래서 문학의 길이 어려운 것, 마음대로 되지 않는 것입니다.

시는 언어의 경제학입니다. 최소 투자의 최대 효과를 위한 언어의 아껴 씀. 그래서 나는 간결하게 정의 내리기를 아주 좋아합니다. 흔히 아포리즘(aphorism)이라고도 하지요. 사실 요절한 천재들의 단축된 삶 자체도 인생의 아포리즘이라 할 수 있을 것입니다. 폭발이 압축의 반작용인 점에서 생의 압축만 한 슬픔의 파괴력이 또 어디 있겠습니까.

아마도 당신은 나의 편지 속에서 적지 않은 아포리즘 문맥들을 만나게 될 것입니다. 혹시 내게 약간의 문명文名을 얹어 준『사랑의 팡세』를 읽어 보셨는지요. 사랑을 주제로 한 2천여 개의 아포리즘으로 된 책이지요. 글쓰기에 있어 아포리즘적 어휘 사용에는 참고가 되리라고 생각합니다.

예를 들어 과학과 예술의 상대적 이질성을 말하라면 당신은 어떻게 하겠습니까. 나는 '과학=?', '예술=!'라고 하겠습니다. 과학과 예술의 본질을 가장 짧게, 그러나 가장 확연하게 드러낸 화법이 아닐까요.

문학의 경우도 마찬가지입니다. 문학은 '인생 사랑' 인데, 그 사랑의 행위에 있어 '독서=연애', '창작=결혼 생활' 이라는 것입니다. 읽기의 감흥과 쓰기의 진통. 그 즐거움과 괴로움. 그러나 여기에서 끝나면 안 됩니다. 아포리즘이란 언제나 의미의 집약인 것이기에 그 응축된 의미의 확장이 필요합니다. 곧 읽기의 궁극에는 반드시 쓰기의 진통에 대한 동병상련의 교감이 이뤄져야 한다는 것입니다. 저급한 독서는 무통분만, 즉 고통의 희열을 맛보지 못합니다. 따라서 잘못된 연애의 결혼 생활은 곧 파탄을 맞이할 것이 자명하지요.

독서에 대한 이야기는 앞으로 다시 하겠습니다마는, 나는 항상 독자는 최후의 저자라고 생각합니다. 훌륭한 청중이 훌륭한 음악을 만들어 내듯, 훌륭한 문학 또한 훌륭한 독자의 소산입니다. 문학(책)은 서점이나 도서관의 진열대가 아니라, 독자의 영혼의 서가에 꽂혀야 합니다. 당신의 서재에 아무리 많은 책들이 있다 하더라도 당신의 가슴에 들여 놓지 못한 책들은 쓰레기에 불과합니다.

작가가 한 편의 작품을 세상에 내놓으면, 독자의 가슴마다에서 각기 다른 작품으로 읽혀져 무수한 복제품들이 생겨나게 되고, 그 가운데는 반드시 원작보다 더 뛰어난 작품으로 재탄생되는 경우가 있습니다. 그때에서야 작품은 완성되는 것입니다. 뛰어난 작가란 뛰어난 독자를 만들고, 다시 그 뛰어난 독자에 의해 완성되는 운명을 지니고 있는 것입니다. 롤랑 바르트의 '저자의 죽음' 이라는 주제나, 보르헤스의 "어떤 글을 읽는 방법은 그 글을 읽는 사람의 수만큼 많다." 는 말도 같은 맥락의 의미일 터입니다. 그러하니 만일 당신이 그와 같은 독자가 아니라면 훌륭한 작가가 되기는 어려울 것입니다.

나는 어쩌다 나의 작품을 읽고 감동을 받았다는 독자의 편지를 받을 때마다 그 독자보다 더 감동을 받습니다. 한 사람의 가슴에, 그 영혼의 서가에 꽂힐 수 있는 보람을 어찌 쉽게 거둘 수 있나요.

글쓰기 형식에 있어 편지는 '나는 그립다' 는 뜻이고, 일기는 '나는 외롭다' 는 뜻입니다. 그러하므로 나의 이 긴 편지는 문학과 인생에 대한 나의 그리움이 오래되어 그만큼 할 이야기가 많다는 것이겠는데, 중요한 것은 '그리움' 이란 사실 '외로움' 의 향기여서 긴 편지는 기나긴 외로움의 고백성사라는 사실입니다.

모름지기 'ㅂ' 변칙 형용사는 인생의 기본 질료입니다. 아름답다·괴롭다·그립다·외롭다·안타깝다·노엽다·지겹다·즐겁다·역겹다·뜨겁다·차갑다·밉다·곱다 등의 형용사들에는 인생의 희로애락 전반에 걸친 감정의 원소로서 'ㅂ' 이 들어 있는데, 이들 형용사가 명사로 바뀔 때는 한결같이 그 'ㅂ' 이 '움' 이 되지요. 그 가운데서도 '그리움' 과 '외로움' 이 감정의 양대 축입니다. '괴로움' 은 이 두 감정이 조화를 이루지 못한 상태를 말하는 것입니다. 따라서 나는 이 편지가 당신의 문학과 인생의 그리움과 외로움을 잘 조화시키는 데 도움이 됐으면 합니다.

이 편지를 쓰면서 나는 내가 아주 유명한 시인이었더라면 당신이 더 흐뭇해하지 않을까 하는 생각도 해봅니다. 아니, 어쩌면, 내가 생각하는 것처럼 유명한 시인이라면 이 편지를 쓰지 않았을지도 모를 일입니다.

유명하다는 것은 그 이름 하나에 작품성과 삶이 상징화된 추상명사가 된다는 뜻이지요. 보들레르, 셰익스피어, 톨스토이, 랭보, 소월, 이상, 이태백 등이 모두 그러하지 않습니까. 그런데 나는 아직도 고유명사에 머물러 있습니다. 그러하기 때문에 김대규만이 할 수 있는 이야기를 해야 하는 것입니다. 그것이 바로 문학을 한다는 것의 본질인 다른 사람들과는 다른 나만의 삶을 살아왔다는 증표가 되는 것입니다. 당신도 당신이기 때문에 읽어 낼 수 있는 것, 내가 쓴 것 이상의 문학성을 발현해서 이 편지를 완성시켜 주기 바랍니다.

 미리 귀띔을 해드리자면, 앞으로의 나의 편지에는 무슨 사조나 수사학, 특정 비평이론이나 창작기법, 또는 문학원론이나 시인·작가론과 같은 '지식'에 속하는 내용은 최대한 삼갈 것입니다. 그것은 내 자신이 그러한 것들에 대해서는 잘 알지도 못할 뿐더러, 지금까지 '어떻게(How)' 보다 '무엇(What)' 을 더 중시하며 살아왔기 때문이지요. 이는 기교보다 본질에 대한 고뇌인 것입니다. '늙은 시인으로부터의 편지' 라는 부제에 대해서 마지막으로 해명을 할까 합니다. 당신은 '늙은' 이라는 어감에 거부감을 느낄지 모르겠습니다. 같은 우리말이라 해도 '어린이' 와 '젊은이' 는 귀엽고 힘찬 느낌을 주지만, '늙은이' 라고 하면 왠지 천덕꾸러기 같은 비우호감이 입니다. 그래서 흔히 '노인老人' 으로 호칭하지요. 같은 뜻인데 '노인' 이라 하면 또 왠지 경륜이 쌓인 의젓함이 풍겨 납니다. 그러자니 한글·한자의 문제점을 떠나, '노시인老詩人' 이라고 자처하는 것이 웬만큼 쑥스럽지가 않은 일입니다. '늙은 시인의 편지' 가 아니고, '늙은 시인으로부터의 편지' 라고 한 까닭도 여기 있습니다. 물론 역시 같은 말일 터입니다. 그러나 '늙은 시인의 편지' 라고 하면 그놈의 '의' 가, 편지를 쓴 사람이 아니라, 그 편지의 소유자가 늙은 시인이라는 것처럼 느껴집니다. 그래서 그 편지가 당신(독자)에게 직접 우송되는 느낌을 강조하기 위해 '으로부터' 를 끼워 넣은 것이지요. 시인은 이렇듯 한 글자에도 신경을 쓰는 언어의 과민성 환자랍니다.

 다음은 '늙은 시인' 이야기입니다.

나의 나이가 이제 만 67세이니 확실히 법적 노인이지요. 그래서 근래에 올수록 문예지의 앞쪽에 작품이 실린답니다. 문청 시절에는 그게 얼마나 부러웠는지 아십니까. 자꾸만 앞쪽으로 치밀려 가다가 책 밖으로 아주 밀려나면 세상을 떠난 것입니다. 그런데 스스로 '늙은 시인'이라 하기에는 한국시단에 나보다 더 늙은 시인들이 아직도 무수합니다. 그분들에게 죄송하다는 말이지요. 플로베르는 어느 글에선가 자신은 온실 속에서 너무 빨리 늙었다고 했습니다. 그런가 하면 보들레르는 젊은 시절에 "내가 서른 살이라고? 하지만 1분에 3분을 살았다면 아흔 살이 아니겠는가."라고 일기에 썼습니다. '1분에 3분 살기'는 천재들의 특성이어서, 그들은 미성년자일 때부터 인생을 이미 다 알아 버린 듯한 자의식에 사로잡힙니다. 이미 다 살아 버린 듯한 느낌에 자살을 하곤 하지요. 그런 뜻에서는 어쩌면 늙은 시인이란 천재가 아니었음을 반증하는 것인지도 모르겠습니다.

따라서 내가 '늙은 시인'을 자처하는 데에는 이젠 '인생'에 대해서 이런저런 얘기를 해도 괜찮지 않겠느냐는 약간의 안도감, 곧 자살을 하지 못한 불명예에의 자위가 스며 있는 것입니다. 그런데 말입니다. 문학에 있어서 천재란 주로 시에 관계되지요. 20대는 문학청년, 30대는 유물론자, 40대는 운명론자라는 춘원의 명언도 있지만, 20대는 시, 30대는 소설, 40대는 희곡, 50대는 수필이라는 장르 세대론도 그럴 듯하지 않습니까. 그 이후에는요? 60대에는 자서전을 쓰고, 70대에는 유서를 써야지요. 단순한 우스갯소리가 아닙니다. 엘리어트는 모든 시는 다 자신의 묘비명이라 했지만, 문학은 그 본질에 있어 '유서'인 것입니다. 유서적인 것이 아닌 작품에는 생명력이 없습니다. 이 작품이 내가 지상에 남기는 마지막 작품이라는 처절한 치열성 말입니다. 바로 그러한 생명력의 총체성의 문제에서 문학은 인생의 총량의 무게가 실리기 시작하는 50이 넘어서부터 '문학을 한다'는 실감을 자각해야 될 것입니다.

끝으로 이 글이 취하고 있는 '편지' 형식에 대해 말씀드리겠습니다. 나는 편지 쓰기를 아주 좋아한답니다. 그것도 엽서로요. 그래서 나는 내가 만든 개인 엽서를 즐겨 사용하지요. 나의 문학 생활에는 몇 가지 원칙이 있습니다. 그중의 하나가 기증본을 받으면 '반드시' 감사 엽서를 써서 보내는 것입니다.

편지란 독자에게 직접 말하는 육성의 친밀감에다 내밀한 고백성이 깃들어 있기 때문에 대화적 요소가 강합니다.

만일 당신이 나의 편지에 답신을 보내 주시면 그 대화는 더욱 무르익겠지요. 당신은 아마 '늙은 시인으로부터의 편지'라는 부제를 보자마자, 저 유명한 릴케의 『젊은 시인에게 보내는 편지』를 당연히 떠올렸을 것입니다. 그렇습니다. 일종의 흉내 내기 비슷했지요. 소설 쪽의 얘기를 하자면 페루의 인기 작가인 마리오 바르가스 요사(Mario Vargas Liosa)의 『젊은 소설가에게 보내는 편지』가 있습니다. 두 권 다 꼭 읽어 봐야 할 문학 안내서이지요. 여기에다 (좀 부끄러워하는 척하면서) 나의 스승이셨던 편운片雲 조병화 시인과 공저인 『시인의 편지』도 첨가해야 되겠군요. 이 책은 적지 않은 시학도들에게 애독되어, 베스트 셀러가 무엇인지를 처음 맛보게 해준 책이랍니다.

시와 인생에 대한 갈증, 맹목적인 열정, 젊은 시혼의 방황, 한 편의 시를 위해 밤을 새우곤 하던 그 지난날의 순수한 시정신으로 써댄 편지들을 지금 생각하노라면 꼭 신들린 것 같았으니, '문학을 한다'는 것은 뮤즈와의 접신술이라 할 만하지요.

너무 장황했나 봅니다. 그래요. 앞으로 시와 인생과 책에 대한 이야기를 하겠다는 말이 이렇듯 길어졌습니다. 첫 편지의 마지막은 '안녕'이 아니라 '그럼, 또.' 여야겠지요.

그럼, 또.

2008. 2. 23

늙은 시인으로부터의 편지 · 02

시인에게 묻는 10가지 질문 · 1

바야흐로 봄입니다.

워즈워스는 "무지개를 바라볼 때면 가슴이 뛰노라."고 노래했지만, '봄'이라는 말은 듣기만 해도 공연히 가슴이 두근거립니다. 사실 시인이란 매사에 누구보다도 가슴이 두근거리는 사람이지요.

두 번째 봄 편지를 쓰노라니 역시 가슴이 두근거립니다. 당신은 아마 '10가지 질문'이 과연 무엇일지 궁금하시리라 생각합니다. 먼저 전제하는 것은 그 '10가지'에 '베스트 텐', 곧 '가장 중요한'이라는 의미는 없다는 점입니다.

내가 지금까지 시인으로 살아오면서, 시인이 되려는 사람이라면 적어도 이러한 점들에 대해서는 자기만의 답을 마련해 가지고 있어야겠다는 문제들을 선별해 본 것입니다.

따라서 여기 제시된 10가지 질문과는 전혀 다른 10가지 질문을 새롭게 던질 수 있다면, 당신은 나보다 아주 훌륭한 시인임이 틀림없을 것입니다.

　천재 시인 랭보는 중학생 때 처음 시를 발표하면서 "그대는 시인이 되리라."는 꿈의 계시를 아폴론 신으로부터 받았노라고 썼습니다.
　신의 계시! 글쎄요, 신의 계시를 받고 시를 쓰기 시작한 시인이 과연 또 있을까요? 시인의 어원이 '신들린 자'라는 사실을 상기할 때, 랭보야말로 지상 유일의 진정한 시인이 아닐까 합니다.
　모든 천재 시인들의 관형사인 '천부적', '천상적'이라는 말의 배후에는 '운명적'이라는 선택적 섭리성이 어른거립니다. 그래서 시인에게 던지는 나의 10가지 질문은 이렇게 시작됩니다.

　질문 1. 당신은 시인의 운명을 타고 났는가?

　좀 위압적인 질문이지요? 거부감이나 좌절감을 느끼셨을지도 모르겠습니다. 앞에 얘기한 랭보처럼 우리는 신의 계시를 받지 못했기 때문입니다. 그래서 나는 '신의 계시'라는 말 대신 '뮤즈의 초대장'이라는 말을 쓰고자 합니다.
　운명이란 인생의 초반기에 결정적으로 작용한 인생 행로의 동인動因을 지칭합니다. 예컨대 남다른 출생의 비화, 성장의 내밀한 사연들, 불운의 가정 파탄, 특히 몹쓸 병이나 실연 체험과 같은 청소년기 이전까지의 정서적 굴절 요인들은 한 인간의 삶의 역정에 방향타 역할을 하게 됩니다.
　누구나 똑같은 감성의 상처를 받았을지라도 그를 극복해 나가는 방법은 똑같지 않은데, 그 가운데서 시를 탈출의 비상구로 삼았다면 그것이 곧 시인이 될 운명을 타고난 것, 환언하면 뮤즈의 초대장을 받은 것이라는 것입니다.

나는 그와 같은 운명의 시련을 '영혼의 세례'라고 즐겨 부릅니다. 시인은 영혼의 세례를 받은 자입니다. 뮤즈의 초대장 없이 시의 축제에 입장을 하면 불청객으로서의 눈치를 보게 됩니다.

혹시 여러분들 가운데는 자기만 뮤즈의 초대장을 받은 것으로 착각을 하고, 시의 손님이 아니라 그 주인인 양 도취했던 축제의 추억이 새삼스러운 사람도 있을지 모르겠습니다. 그러한 시행착오의 문청 시절이 없다면, 더 큰 꿈의 시행착오를 할 수밖에 없을 것입니다. 따라서 나는 당신에게 당신이 시인이 될 수밖에 없었던 운명, 곧 뮤즈의 내방이 확인된 계기가 있었던가를 자문해 보라고, 더구나 그 이후의 당신의 삶이 그에 대한 응분의 보답이었는가를 진중하게 묻는 것입니다. 나 자신도 '예스'라고 답할 수 없어, 그 반성문으로 이 편지를 쓰고 있는 것입니다.

시란 바로 그 운명에의 언어적 보상이요, 감성의 U턴이기에 상상력의 날개에 상처를 입지 않도록 비상의 수련을 끊임없이 시도해 주시기 바랍니다.

질문 2. 당신은 사물의 본질에 이르는 통찰력이 있는가?

감수성은 상상력의 생모요, 통찰력은 그 장자로서 시의 종가를 이끌어 갑니다.

통찰은 항상 본질을 지향합니다. 따라서 순간적·원형적입니다. 본질에 이르는 과정의 생략, 그것이 시인의 감성 패턴인 것입니다.

신화는 인간 최초의 상상력의 원형으로서 시의 알파요, 오메가입니다. 별은 빛을 발하는 광물체가 아니라 '에오스'의 눈물이고, 거품은 '비너스'의 모체이며, 수선화는 '나르시스'의 영혼입니다. 우리는 거기서 모성애, 미美, 사랑의 상징적 수사학을 깨우칩니다. 시인은 삼라만상에서 그 외형적 시각이 아니라 내재된 심상의 은유를 읽어 내고, 새로운 이미지를 창출해 내야 합니다. 그것이 바로 통찰력의 직관성입니다.

사물의 외피를 뚫지 못하는 감수성의 부재로 관념의 언저리에서 맴돌 수밖에 없는 시인은 뮤즈로부터의 초대장 발부가 거절당한 것이라 할 수 있을 것입니다.

직관적 통찰력이야말로 시에 이르는 왕도입니다. 그 길에 들어서지 않고서는 끝내 '시인'으로 죽을 수가 없을 것입니다.

질문 3. 당신은 언어적 상상력이 있는가?

언어는 시인의 유일한 존재 증거물입니다. 시인은 언어로 상상하고 언어로 체험합니다. 언어적 상상력이란 다음의 두 가지를 말합니다.

그 하나는 어떠한 언어 활동에서건, 그 반응이 감각적 심상으로 즉각 환치됨이요, 또 하나는 그와는 반대로 모든 정서적 반응 현상이 언어적으로 응축, 표출된다는 것입니다. 우리는 이를 흔히 '이미지'라고 부릅니다.

비유는 언어적 상상력의 핵심입니다. 문학성의 유무도 비유의 소산입니다. 잘된 시는 잘된 비유이고, 좋은 시는 좋은 비유라 할 수 있습니다. 이렇듯 시란 언어적 상상력에 의한 감성 체험의 재생인 것입니다.

뮤즈의 선물인 영감이 찾아왔을 때, 시인은 그를 가장 멋진 언어의 옷을 입혀 환대해야 합니다. 그러하지 못하면 영감은 뮤즈에게 돌아가 당신의 대접이 소홀했음을 고하고, 시축제 초청자 명단에서 당신의 이름을 삭제할 것을 제안할 것입니다.

질문 4. 당신은 'HOW' 인가, 'WHAT' 인가?

질문을 다시 해야 할 것 같습니다. 나의 의도는 "당신은 시를 쓰는 시인인가, 아니면 시를 살아가는 시인인가?"를 묻고자 한 것입니다. 그런데 질문을 바꿔도 선뜻 대답하기가 쉽지 않을 듯싶습니다.
 나는 평소 시인에는 시를 '쓰는' 시인과 시를 '사는' 시인의 두 부류가 있다고 생각하고 있습니다. 그게 무슨 뜻이냐고요?
 시인은 물론 시를 쓰는 사람이지요. 그러나 그것은 시인의 기능만을 유념케 합니다. 그 기능성보다 본질적 정신성을 중시할 때, 자신의 시세계를 삶 속에서 실제로 구현해 보고자 하는 시인들이 있다는 것입니다. 예컨대 랭보와 보들레르, 김삿갓과 소월 같은 천성의 시인들이 바로 그러하지요.
 '어떻게' 쓸 것인가와 '무엇을' 살 것인가는 아주 다른 차원의 얘기입니다.
 시를 열심으로 쓴 시인은 문학사에 남지만, 시를 뜨겁게 살아간 시인은 문학사를 불태운 후 우리들의 영혼 속에 살아남는 것입니다. 위대한 언어의 소작인과 불행한 시혼의 지주. 아무나 얻는 이름은 아닐지라도, 시인은 인생의 미완성자로서 마지막 로맨티스트의 숙명을 타고난 게 아닐까요.
 시인은 '삶'을 남겨야 합니다. 명작에는 항상 삶의 후광이 비칩니다. 시인다운 삶을 살지 못한 사람의 작품은 오랜 생명을 지니지 못합니다. 어떻게 쓰느냐보다 시인으로 어떤 삶을 살아야 하는가, 곧 내 삶에서 무엇을 남길 것인가에 대해 고민을 해야 할 것입니다.

질문 5. 당신은 시인이라는 이름에 자부심을 느끼는가?

이 질문의 대답은 항상 준비돼 있어야 합니다. 어쩌면 '자족감'이라는 말이 더 적합할지 모르겠습니다. 답은 '예스' 이상의 것이어야 합니다. 같은 '예스'일지라도 천차만별의 의미가 내재돼 있을 터입니다.

시인에게는 전통적으로 사회적 부적응자, 생활의 무능자, 아웃사이더적인 허무주의자, 병약한 알코올중독자라는 별칭이 따라 붙어 왔습니다. 그런 성향이 있는 것도 부정할 수 없습니다.

그러나 나는 무엇보다도 시인의 시인다운 면모는 그 정신의 순수성에서 부각되어야 한다고 생각합니다. 시인은 그 순수성으로 현실을 초월해야 합니다. 특히 정치와 돈으로부터 초연해야 합니다. 그러하지 못할진대 당신은 시인의 명예에 도움을 주지 못할 것입니다.

시인이 가장 아껴야 할 것은 자신의 이름입니다. 여기저기 얼굴을 내밀고, 여기저기에 이름이 내걸리면, 다시 말해서 명함에 이런저런 직함을 쓸 일이 많아지면, 시인이라는 이름은 한낱 허명이 될 뿐일 것입니다.

갈수록 이 땅에는 시에 모독이 되고, 시인에게 불명예를 안겨 주는 사이비 시인들이 넘쳐 나고 있습니다. 시인 공장에서 함량 미달의 불량품이 양산되기 때문입니다. 그 사주가 시인이라는 점이 더 문제입니다. 이에 대해서는 차후 다시 말씀드려 보겠습니다.

10가지 질문 가운데서 5가지만 이 편지에 다뤘습니다. 혹시 그 나머지가 무엇일지 궁금하실지도 모르겠지만, 나의 주안점은 한 인생을 시인으로 살아간다는 것이 과연 어떤 것인지에 대해 스스로 고민해 왔다는 것. 그 고민의 결과를 시인 지망생들에게 귀띔해 주고 싶다는 것입니다.

봄입니다. 봄은 그냥 기다리는 사람이 아니라, 겨울을 잘 이겨 낸 사람의 몫이 아닐까요. 훌륭한 시인이 누구보다도 시의 겨울을 잘 극복해 낸 사람임도 틀림없을 것입니다.

그럼, 또….

2008. 3. 24

시인에게 묻는 10가지 질문·2

질문 6. 당신에게 있어 시란 무엇인가?

단순히 시의 정의를 묻는 것이 아닙니다. 초보자들은 지식에의 목마름으로 알약 같은 정의를 선호하는 경향이 있지만, 사실 정의란 의미의 공전空轉일 경우가 허다합니다.

예컨대 시는 '쾌락'(호라티우스), '운율에 의한 모방'(아리스토텔레스), '감정의 자발적 분출'(워즈워스), '미의 운율적 창조'(포), '언어의 건축'(하이데거), '체험'(릴케), '진리'(에머슨), '인생 비평'(아놀드) 등의 무수한 별칭을 부여받아 왔습니다. 아마도 시의 정의는 시인의 숫자에 비례할 것입니다.

때문에 자신들도 시에 대한 정의를 내린 당사자들임에도 E. A. 포는 "시에 대한 정의는 단지 말의 전쟁에 지나지 않는다."고 폄하했고, T. S. 엘리어트는 "시에 대한 정의의 역사는 오류의 역사다."라고 단정했습니다(이들 문제에 대해서는 별도로 논해 보도록 하겠습니다).

그러나 시의 정의가 아무리 '말의 전쟁' 이고, '오류의 역사' 라 해도 모든 시인은 자신만의 정의를 가지고 있어야 한다는 것이 나의 생각입니다. 왜냐하면 바로 그 정의 속에 자신의 삶과 시혼이 응축되어 있기 때문입니다. 중요한 것은 그 정의가 어떻게 시와 삶에서 구현되느냐는 것이지요.

지금까지 내려진 시의 정의 가운데서 가장 실천적 교육성이 높은 것은 "시는 정情을 뿌리로 하고, 말을 싹으로 하며, 소리를 꽃으로 하고, 의미를 열매로 한다."(백거이)는 것입니다.

나는 즐겨 "시는 영혼의 자장가"라고 말합니다. 시를 통해 내 자신이 위안을 받고 살기 때문이기도 하지만, 가급적이면 많은 독자들에게도 영혼의 위안을 제공했으면 하는 바람 때문입니다. 그렇다면 당신에게 있어 시란 무엇입니까?

질문 7. 당신은 누구의 영향을 받았는가?

이에 대한 답변을 모으면 '세계 시인 인명록' 이 될 것입니다. 그러나 '영향' 이라는 말을 너무 안일하게 받아들이지 말기 바랍니다. 영향이란 정신의 동일화, 영혼의 복제여야 합니다. 거기에는 운명적인 우연성의 개입이 엿보입니다. 니체가 서점에서 쇼펜하우어의 책을 만난 것이나, 시베리아의 형무소로 가는 열차의 도스토예프스키에게 성경이 주어진 것도 우연의 필연성이었습니다. 그 우연에 의해 그들은 다시 태어난 것입니다.

인생 과정의 방황의 기로, 갈등의 와중에서 홀연히 나타난 한 시인의 존재, 그것이 당신에게는 유일한 위안이 되고, 그로부터 시의 길을 인도받게 될 때 '영향'이 성립되는 것입니다. 문제는 감성의 동질성이요, 고뇌의 등가성等價性입니다. 따라서 영향은 영혼의 세례여야 합니다. 환언하자면 본질적인 시혼의 소유자로부터 영향을 받아야 한다는 것입니다.

 나는 시작품에서보다 시인적 삶의 스타일에서 영향 받기를 강조하고자 합니다. 기교는 시정신의 하인이기 때문입니다. 특히 동시대의 시인에게서 영향을 받는다면 시대를 뛰어넘는 시정신을 구가하기가 어렵습니다.

 영향은 개성의 교환이 이루어질 때 완성된다 하겠습니다. 시인으로 거듭나지 않고서야 어찌 영향을 받았다 하겠습니까. 당신의 가슴 속에 감사해야 할 시인이 있다면 그의 이름을 더욱 빛나게 해야 될 의무가 당신에게 있는 것입니다. 그러하니 누구의 영향을 받았다고 쉽게 발설하지 맙시다.

 질문 8. 당신은 시인의 삶의 본질은 무엇이라고 생각하는가?

 인생의 본질을 누가 알겠습니까. 그런데 우리는 다행히 시인이어서, 형이상학적인 인생의 의미가 아니라 시인으로서의 삶의 스타일에 한정된 관심을 표명할 수 있습니다.

 예술이 인생의 재현을 목표로 하고, 비극성에 그 최고의 감동 요인을 설정해 온 전통은 과연 무엇에 대한 암시일까요.

 인생의 의미는 생명의 유한성, 즉 일회적 삶이라는 데서 파종됩니다. 죽음의 전제 없이 삶은 성립되지 못합니다. 죽음이 인생 최대의 비극이자 슬픔이기에 그 파트너로서의 삶의 본류가 한(恨)을 관통하게 됨은 지극히 자연스런 현상일 터입니다.

그렇다고 나는 염세·허무주의를 주창하는 것은 아닙니다. 생명에의 감사와 부재(不在)에 이르는 외로움의 정수를 깨우치자는 것입니다. 시인은 그래서 편안한 니힐리스트, 달관의 포기자여야 합니다. 허허로운 영혼의 빈터일수록 그윽한 노래가 잦아지는 것입니다.

명예와 권력, 물질과 풍요는 시인의 몫이 절대 아닙니다. 시인은 외로움의 신자여야 합니다. 시인은 외로움으로 해서 상상력의 재벌이 됩니다.

시인은 그래서 영혼의 걸인입니다. 가난은 죄일 수도 있지만, 시인에게 있어 죄란 운명의 축복인 경우가 많습니다. 시인은 언제나 상상력의 파티를 열고, 이미지의 칵테일만 준비하면 됩니다. 가장 아름다운 인생 찬가는 인생을 실패한 시인에게서 불려진다는 사실을 잊어서는 안 됩니다. '즐거운 나의 집'의 작곡자가 평생 집을 가져본 일도 없이 낯선 곳에서 외롭게 객사했다는 사실을 당신은 어떻게 생각하십니까.

많은 사람들이 어떻게 하면 시인이 될까에는 부심하지만, 시인이 되고서 어떻게 살아가야 하는가에는 별로 신경을 쓰지 않습니다. 시인으로 살아간다는 것, 그것은 '외로움'을 사랑한다는 것입니다.

질문 9. 당신은 일과 중 무엇에 가장 많은 시간을 할애하는가?

유치한 질문 같습니다. 유치함은 지극히 당연함에 있습니다. 엘리어트는 시인이 반드시 시만 쓰고 살 필요는 없다고 했습니다. 그러나 나의 질문은 시를 '쓰는' 문제가 아닙니다. 결국에는 시를 쓰게 되는 일상생활 속의 분위기를 어떻게 조성해 가고 있느냐는 얘기입니다.
　시인의 직장은 '인생', 바로 그 삶의 현장입니다. 시인은 어떠한 상황일지라도 도피적 알리바이를 내세워선 안 됩니다. 비문학적인 분위기에서 오히려 반동 형성으로서의 창의력이 탄생할 수도 있습니다.
　실천적인 제안을 하자면, 식사 중에나 설거지 중이거나, 등산을 하거나 마당을 쓸거나, 하다 못해 부부싸움을 하더라도 그것을 어떻게 하면 문학적 소재로 재활용할 수 없을까 하는 발상의 전환을 생활화해야 한다는 것입니다. 그런 상상의 지분이 당신의 일상을 지배해야 합니다.
　단적으로 말해서 '독서' 만큼 상상력을 풍요롭게 제공하는 일은 없습니다. 책보다 자연이 더 그러하지만, 현대인에게 자연은 점점 멀어지게 마련입니다. 그래서 독서입니다. 사실 자연도 신의 책이지요.
　하루 종일 세상 잡사로 번민하다가 특정 시간대에만 시를 쓰려고 한다는 것은 시에 대한 비례非禮입니다. 시인은 수인 같은 면회의 대상이 아닙니다. 항상 꿈을 꾸고, 항상 방황하고, 항상 뮤즈와 대작하는 시인이라면 책을 떠날 수도 있습니다.
　살인자는 칼을 갈고, 도둑은 어둠을 기다리고, 걸인은 깡통이 유일한 재산입니다. 시인에게 있어 상상력은 칼이요 어둠이요 깡통인 것입니다. 상상력의 수련에 가장 많은 시간을 할애하시기 바랍니다.

　질문 10. "너는 뭐냐?"

　예술은 그냥 하는 것이지 질문은 무슨 질문이겠습니까. 그러니까

"너는 뭐냐?"는 것은 이상스런 질문을 한 내 자신에 대한 힐책입니다. 그리고 당신도 진실한 의미의 시인이라면 항상 "너는 뭐냐?"는 자문을 이어 가야 합니다.

소크라테스가 "너 자신을 알라!"고 하자, 니체는 "이 사람을 보라!"고 응답했습니다. 이 사람! 시인은 바로 '이 사람'이어야 합니다. 이 영혼, 이 정신, 이 인생, 이 작품이 당신에게 있다면 당신은 진정한 시인인 것입니다.

고백하거니와 나는 아직 나의 문단에 데뷔하지 못했습니다. 내가 꿈꾸고, 내가 영향을 받고, 내가 지향한 바의 시인의 경지에 이르지 못했다는 뜻입니다. 그러니 항상 다시 시작해야 합니다. 시 한 편을 쓸 때마다 나는 새로운 시인으로 재탄생합니다.

등단했다고, 상을 받았다고, 시집을 출간했다고 시인이 아닙니다. 지금 한국문단에는 시인 공장이 너무 많습니다. 달마다 제품 시인이 쏟아져 나옵니다. 거의가 불량품입니다. 불량품일수록 과대포장 됩니다. 만일 당신도 그 제품 가운데 한 품종이라면 보람이 아니라 부끄러움을 강하게 느껴야 할 것입니다. 공연한 지탄일시 분명하겠지만, "너는 뭐냐?"는 자문을 위한 각주처럼 여겨 주시기 바랍니다.

말은 감성에 못 미치고, 감성은 사물에 못 미칩니다. 아무리 쓴들 어찌 본질에 이를 수 있겠습니까. 쓰지 않고 그 본질을 영혼의 불로 사루어 버린 시인들, 그들은 통달한 것, 미친 것입니다. '미침'은 곧 천재의 '광기狂氣'와 통합니다. 우리가 그들을 예찬하는 것은 우리가 '미치지' 못했기 때문입니다.

미친 사람은 절대로 말하지 않습니다. 나 역시 미치지 못해서 이렇듯 진부하게 쓰는 것입니다. 사랑에 대해 논하느니 아름다운 여인과의 한번의 키스만 하겠습니까. 그러나 시인은 역시 환상의 명수인지라 가공의 여인과 더 은밀하고 비밀스런 사랑을 꿈꾸는지 모르겠습니다.

  오, 마지막까지도 상상이여, 시인의 유일한 재산인 꿈의 날개여, 세상에서 더욱 멀어질 수 있도록 더 멀리 더 높이 날아오르거라.

  그럼, 또….

2008. 4. 25

늙은 시인으로부터의 편지 · 04

시란 무엇인가 · 1

지난번 편지에서 나는 시의 정의에 대해 별도로 논해 보겠다고 했습니다. 시의 정의란 곧 '시란 무엇인가?'에 대한 짧은 대답의 형태일 터인 즉, 내가 각별히 유념하고 있는 것은 그 대답으로서의 정의보다 질문 형식 자체라는 점을 먼저 전제해 둬야 하겠습니다.

왜냐하면 호머 이래 단 한 차례도 끊이지 않고 제기되어 왔고, 또한 앞으로도 지속적으로 반복될 이 질문은 바로 정답이 없기 때문에 거듭되는 게 아닐까 하는 생각이 들기 때문입니다.

그렇다고는 해도 나는 시에 대한 정의들을 수집해서 시대적으로 살펴보면 시가 변형·발전해 온 전 과정이 조감도처럼 드러나지 않겠느냐는 기대감에서 그 자료들을 모아 보기도 했답니다.

모든 설의법은 근원 지향적입니다. 더구나 그 질문 형식이 '무엇인가?'로 끝날 때는 거기에 본질성이 추가됩니다.

심리학에서는 인간의 성장 과정에서 3세 전후의 유아가 "이건 뭐냐?"하고 거듭 묻는 현상을 '앎에의 굶주림(name-hunger)' 이라고 명명하는데, '시란 무엇인가?' 라는 질문의 기원을 유추해 보면 인류 문화사의 유아기에 대한 상념들을 떠올리지 않을 수 없을 것입니다.

이런 맥락에서 자연 현상의 오묘한 신비성에 경외감으로 휩싸여 있었을 우리 인류 조상들의 최초의 의문이 "도대체 저것들(자연 현상)은 무엇일까?" 였으리라고 상상해 보는 것은 크게 무리스런 일이 아닐 것입니다.

따라서 거듭되는 자연 변화의 동일한 주체 대상에 '호칭'이 부여됐을 것입니다. 사물에 대한 호칭 부여, 곧 명사는 인류 최초의 공식적인 언어 활동으로, 이는 '창세기'에서 천지 창조를 마친 신이 각 자연물마다 거기에 합당하는 명사를 제시하는 행위와 상통한다 하겠습니다.

이러한 정서 반응에서 탄생한 것이 바로 '신화' 입니다. 신화는 자연을 시적으로 재해석한 인류 문화 재산 제1호이지요. 우리는 여기서 모든 사물의 명칭에는 그 대상에 대한 정서 반응이 원형질을 이루고 있다는 점과 그것이 문자가 아니라 육성 언어로 먼저 표출됐음을 간과할 수 없습니다.

이 육성 언어라는 것이 중요합니다. 이는 시의 모태가 곧 '노래' 였다는 사실, 우리들 시인의 조상이 '음유시인' 이었다는 사실의 단초이기 때문입니다.

시 예술에 관한 한 최초의 발언권은 호머에게 주어집니다. 그는 "뮤즈 여신들은 음유시인들을 자극해서 유명한 사람에 대한 노래를 부르게 했다."고 증언했습니다. 뒤이어 헤시오도스도 "뮤즈 여신들이 나에게 그 신성한 노래를 가르쳐 주셨도다."라고 간증했습니다. 현대시에서 강조되는 '음악성'은 바로 그 '노래'에 대한 향수라 할 수 있을 터인데, 당신은 뮤즈 여신과 직접 교류한 그들이 부럽지 않습니까?

뮤즈(Muses)의 어원이 '생각나게 하는 것'이고, 더구나 뮤즈의 어머니인 므네모시네(Mnemosyne)의 어원 역시 '기억'이라는 점을 감안한다면, 구전문학기의 기억의 회상성과 노래의 전파력이 얼마나 중요했는지를 실감할 수 있지요. 최초의 시는 노래였던 것입니다. 이것이 '시란 무엇인가?'에 대한 최초의 대답이자, 본질적인 정의인 것입니다.

시가 노래였다는 생태적 사실에서 간과해서 안 될 점은 그리스 시대, 즉 예술의 발흥기에는 시가 지금과 같은 독립된 장르의 문학예술이 아니라, 음악이나 연극의 보조적인 수단으로 활용됐다는 것입니다. 따라서 당시에 '시란 무엇인가?'라는 질문은 주로 '효용성'에 대한 논의로 이어졌지요.

이에 대해 최초로 언급한 사람 역시 호머입니다. 그는 "신께서 인간을 즐겁게 해주기 위해 시인에게 노래를 주셨다."고 선언함으로써 시의 '쾌락설'을 폈습니다. 즐거움이야말로 오늘날에도 샘솟는 문학 감상의 원천이지요. 여기에 헤시오도스가 "시의 기능이란 신의 메시지를 전달하는 것"이라고 추가함으로써 '메신저설'을 부각시켰습니다. 시인이란 신의 사자使者라는 얘기지요. 그 사명감에 가장 투철했던 사람들의 저작인『성서』야말로 불후의 명시가 아니겠습니까.

우리는 이에서 '시인'의 어원이 신의 계시를 받아 인간을 교화시키거나, 주문을 외워 비를 내리게 하는 등의 심령술적 차원에서 '홀린 사람', 곧 '광인'과 동의어였음을 상기할 필요가 있습니다.

플라톤과 데모크리토스는 이구동성으로 "정열로 불타오르지 않고, 광기와 같은 것으로 영감을 받지 못한 사람은 누구라도 훌륭한 시인이 될 수 없다."고 단언했습니다. 바로 이런 관점에서 플라톤은 "시는 기술이 아니라 영감이다."라는 유명한 '영감설'을 제시했습니다. 루키아노도 "시인은 뮤즈 여신들로부터 영감을 받고 사로잡혀 있는 것"이라고 '영감=광기'의 등식을 재확인했습니다.

그러나 플라톤은 시인들의 그 영감과 광기가 신의 계시를 왜곡시키고, 고귀한 성격을 지닌 형상을 그려 내지 못하기 때문에 시인을 공화국에서 퇴출시켜야 한다는 '추방론'을 선포했습니다. 데모크리토스 역시 "취하지 않은 감각을 지닌 시인들은 헬리콘산(뮤즈의 거처)에서 추방된다."고 했습니다.

그런데 사실은 이들보다 먼저 시인 추방론을 주장한 사람은 불의 철학자 헤라클레이토스입니다. 그는 플라톤이 태어나기도 전에 "호머는 매를 맞고 추방되어 마땅하다."고 단언했습니다.

기술보다 영감을 앞세운 플라톤은 시인을 두 부류로 나눴습니다. 즉 신과 인간의 중매자인 신성한 음유시인과 일정한 기술의 작업자에 불과한 시인 말입니다. 그러니까 플라톤은 저급한 기술자로서의 시인을 추방시키고자 한 것이지요. 그런 뜻에서는 한국 시단에 정작 추방시켜야 할 시인들이 점점 넘쳐 나고 있지 않을까요.

아리스토텔레스 이전의 시에 대한 언급 가운데 기억해 둘 만한 대목들이 있습니다. 아리스토파네스는 시인이 "어른들의 교사"라는 교훈설을, 고르기아스는 "모든 시는 운율로 된 말"이라는 운율론을, 시모니데스는 "그림은 말 없는 시이며, 시는 말로 된 그림"이라는 회화론을, 그리고 플루타르코스는 "춤은 침묵의 시, 시는 말로 된 춤"

이라는 무용론을 펼쳤습니다.

현대시적 관점에서도 손색이 없는 논지입니다.

시에 관한 이론에 있어 아리스토텔레스는 절대적 존재입니다. 문학사에서 최고의 이론서로 평가받는 『시학』의 저술자이기 때문이지요. 거기서 몇 대목만 인용해 보겠습니다.

- 시인은 그 자신의 모습으로는 적게 말해야 한다.
- 시인의 임무는 실제로 일어났던 일을 말하는 것이 아니라, 일어날지도 모르는 것, 즉 개연성 혹은 필연성의 법칙에 따라 가능한 것을 말하는 것이다.
- 시인이나 '제작자'는 운문을 만드는 사람이라기보다 플롯을 만드는 사람이어야 한다. 그는 모방하기 때문에 시인인 것이요, 그가 모방하는 것은 행동이기 때문이다.
- 작시술은 천재나 광기의 사람을 필요로 한다.
- 시는 일반적으로 두 개의 원인에 기인하는 것으로 생각되는데 이 두 원인은 인간의 본성에 그 근거를 가진 것으로 생각된다. 첫째, 모방한다는 것은 인간 본성에 어렸을 때부터 내재한 것이오, 둘째 인간이 다른 동물과 다른 점도 그가 가장 모방을 잘하고, 그의 지식도 모방에 의해 획득하기 시작한다는 점이다.
- 비극은 희곡의 형식을 취하고, 서술적 형식을 취하지 않으며, 연민과 공포를 통하여 이러한 감정의 카타르시스를 행한다.

우리는 위의 예시만을 통해서도 아리스토텔레스가 주장한 모방설과 카타르시스론을 접할 수 있습니다. 이 두 이론은 오늘날까지도 모든 예술 분야에서 그 영향력을 잃지 않고 있습니다. 다만 '모방(미메시스)' 이라는 용어는 동시대인인 데모크리토스가 먼저 제시했다는 점을 부기해 둡니다.

아리스토텔레스 이후의 시에 관한 언설들에도 독창적인 주장들이 눈에 띕니다.

예컨대 에피쿠로스는 시와 음악을 '소음' 으로 폄하했고, 다만 시가 신화를 창조하기에 유쾌한 것이지만, 이를 충실히 이행하지 못할 경우에는 역시 '추방' 시켜야 한다고 플라톤에 적극 동조합니다. "예술은 철학의 시녀"라고 설파한 것은 루크레티우스인데, 그는 "인간은 새에게서 시의 기원을, 바람에게서 음악의 기원을 찾아야 한다."고 했습니다.

반면 제논이 주도한 스토아학파들은 '모방' 의 자리에 '판타지아' 를 대신 들여 놓았고, 필로스트라우스는 "상상력은 모방보다 더 지혜로운 예술가"라고 환상적 상상론을 드높였습니다. 스토아학파들은 '귀에 아첨' 만 하면서 시의 아름다움에만 신경을 쓰는 시인들을 평가절하했습니다. "시들은 멜로디와 리듬 때문이 아니라, 사상 때문에 유용하다."(필로테우스), "시에는 풍부한 내용보다 훌륭한 솜씨가 더 중요하다."(네옵트레무스), "(시적 상상력은) 이미지를 창조하는 능력이다."(롱기누스)와 같은 주장들에는 현대 시론적 색채가 묻어 있기도 합니다.

나는 지금까지 기원전의 시에 관한 담론들을 일별했는데, 마지막으로 언급할 시인이 호라티우스입니다. 그는 "시가 미를 갖는 것만으로는 충분하지 않다. 시는 매력을 지녀야 하고, 듣는 이들의 영혼을 인도해야 한다.", "시는 가르치는 동시에 즐거움을 주어야 한다.", "시는 그림과 같다."는 등의 논점을 폈는데, 이는 쾌락설과 교훈설을 아우르는 '당의정糖依錠 이론(sugar-coated pill theory)' 이라고 불리지요.

　이 편지를 쓰면서 내가 무슨 고전문학의 전문가처럼 여겨지지 않을까 하는 우려감에 사로잡혀 있었습니다. 이 책 저 책에서 눈동냥으로 메모해 둔 자료들을 소개했을 뿐입니다. 이 분야에 관심이 있는 분들은 특히 W. 타타르키비츠의 『미학사』(손효주 옮김, 미술문화)를 꼭 참조해 보시기 바랍니다.

　아, 중요한 얘기를 하나 잊을 뻔했군요. 기원전의 시에 관한 담론에서 반드시 언급되어야 하는 공자의 '사무사思無邪' 말입니다. 이는 공자가 『시경』에 실린 시편들을 두고 총체적으로 평가한 말이지만, 한자 문화권의 시론에서는 언제나 가장 먼저 소개되는 '시란 무엇인가'에 대한 지침서 같은 정의이지요.

　이번 편지는 여기서 멈추고, 다음에는 기원 이후 전개된 시에 관한 담론들을 소개하면서 시와 시인에 대한 나의 생각을 말해 보고자 합니다.

　그럼, 또….

2008. 5. 26

늙은 시인으로부터의 편지 · 05

시란 무엇인가 · 2

 이 편지가 시인 지망생들을 주 대상으로 삼고 있기 때문에 약간의 현학적인 내용이 어른거리는 것은 어쩔 수 없는 일일 것입니다.
 지난번 편지에서 기원전의 시에 관한 담론들을 살핌에 있어, 호머의 쾌락설, 헤시오도스의 메신저설, 플라톤의 영감설, 아리스토파네스의 교훈설, 아리스토텔레스의 모방설, 롱기누스의 상상론, 호라티우스의 당의정 이론 등의 소개가 바로 그러한 것들이었습니다.
 그러한 맥락은 이번 편지에서도 이어질 것입니다. 왜냐하면 나는 '시란 무엇인가?'에 대한 적지 않은 시인들의 정의를 소개함으로써, 여러분들의 시 연구에 참고 자료가 되었으면 하고, 특히 그 많은 정의를 통해서도 궁극적인 시의 본질은 밝혀질 수 없음을 강조해야 하겠기 때문입니다.

- 시는 악마의 술이다.(아우구스티누스)
- 시는 함축되어 드러나지 말아야 한다.(서거정)
- 시는 교화를 위한 것이다.(남구만)
- 시란 마음이 흘러가는 것을 적은 것이다.(신위)
- 좋은 시는 학식과 영감의 산물이다.(보카치오)
- 시의 비결은 난해함이다.(르까롱)
- 시의 첫째 조건은 자질이다.(보알로)
- 시는 노력이 아니라 천부적 재능이다.(스펜서)
- 시의 으뜸가는 목적은 즐거움이다.(드라이든)
- 시는 영혼의 음악이다.(볼테르)
- 나의 시는 모두 자연에서 배운 것이다.(빈즈)
- 시는 최고의 질서를 이룬 최고의 언어이다.(콜릿지)
- 시란 힘찬 감정이 자연적으로 흘러넘치는 것이다.(워즈워스)
- 시인을 만드는 것은 성실성과 통찰력이다.(칼라일)
- 시는 인생의 이미지를 영원한 진실로 표현한 것이다.(셸리)
- 철학이 끝나는 데서 시는 시작된다.(슐레겔)
- 시는 출산이다.(노발리스)
- 시는 미의 운율적 창조다.(포)
- 시는 광대한 사상에 이르는 괴로운 여행을 지나 비로소 생기는 것이다.(발자크)
- 시작은 자기 심판이다.(입센)
- 여러분은 붉은 잉크로 써서 혈서라고 보이게 하고자 하는 버릇을 버려야 한다.(호프만슈탈)
- 시는 신의 말이다.(투르게네프)
- 시는 인생 비평이다.(아놀드)

- 시는 꿈이다.(조병화)
- 시의 본질은 영혼의 정열적인 향상이다.(보들레르)
- 시는 극점에 달한 언어이다.(말라르메)
- 시인이 되려고 하는 사람이 먼저 할 일은 자기 자신에 대한 완전한 인식이다.(랭보)
- 시는 언어의 건축물이다.(하이데거)
- 시는 고뇌이다.(사르트르)
- 참된 의미의 시는 언어의 기술적인 사용을 본질로 한다.(발레리)
- 시는 언어의 모자이크다.(흄)
- 시는 체험이다.(릴케)
- 시는 언어의 몽상이다.(바슐라르)
- 시는 인생 문제에 대한 특별한 해답의 암시다.(브르통)
- 시는 언어의 경제다.(파운드)
- 시는 대지에 붙들려 와서 바다로 도망가려는 바다 동물의 일기다.(샌드버그)
- 모든 시는 하나의 묘비명이다.(엘리어트)
- 시는 인식의 모험이다.(알베레스)
- 시는 사실인즉 신과 더불어 죽었다.(리드)
- 영감은 시의 시작이자 목표다.(스펜더)
- 시는 계시다.(카프카)
- 시는 의미해야 할 것이 아니라 존재해야 한다.(매크리쉬)
- 시인이 만들어 내는 것은 글이 아니고 상상이다.(리차즈)

시에 대한 정의가 어찌 이뿐이겠습니까. 그러나 우리는 위의 예들만 일별하더라도 현대에 올수록 신이 아니라 인생·인간의 문제가 중시되고, 언어의 기술적 사용이 강조되고 있음을 알 수 있습니다.
　이러한 경향성을 재강조하기 위해, 내가 가장 좋아하는 정의 하나를 일부러 빼놓았습니다. 궁금하지요? 그것은 백낙천이 자신의 시집 서문에서 밝힌 "시는 정을 뿌리로 삼고, 말을 싹으로 하며, 소리를 꽃으로 하고, 뜻을 열매로 삼는다."는 것입니다.
　아주 완벽하다 싶은 정의지요. 이 정의에는 모든 시에서 요구되는 바의 감성·언어·음악성·주제의식 등이 나무의 성장 과정에 비유적으로 나타나 있습니다. 여러분들은 이를 구체적인 시작에서 실행적 교훈으로 삼아 주시기 바랍니다.

　"시란 무엇인가?"라는 질문에 가장 정직하게, 또는 가장 합리적으로 대답한 두 시인을 나는 알고 있습니다.

- 시에 대한 정의는 단지 말의 전쟁에 지나지 않는다.(포)
- 시에 대한 정의의 역사는 오류의 역사다.(엘리어트)

　나는 이 부정어법을 시에 대한 의미 규정의 불필요성이나 불합리성의 주장이기보다 시대와 개인에 따라서 이질적일 수밖에 없는 개성의 확인으로 수용하고 있습니다. 두 사람 모두 그 '말의 전쟁'과 '오류의 역사'에 스스로 참여했다는 사실이 이를 여실히 증명해 줍니다.
　그렇다면 우리가 시인인 이상 이 '말의 전쟁'에 당연히 참여해야 하지 않겠습니까. 시의 '반전파'는 없으리라고 생각합니다. 그렇습니다. "시란 무엇인가?"라는 질문은 '나는 시인이 될 수 있을까?'라는 지망생들의 회의적인 열망감으로부터 시작해서, '나는 이런 시인이다'라는 자기 세계를 이룩하기에 이르는 과정의 곳곳에 세워진 이정표인 것입니다.

만일 여러분들이 위에 예거한 많은 시인들 가운데서 어느 특정인의 정의를 선호한다면, 당신은 바로 그 시인이 살고 있는 시대의 이정표를 지나고 있는 것입니다.

시에 대한 적지 않은 시인들의 다양한 정의를 소개하면서, 내가 오래전부터 생각해 온 관점 하나를 이 기회에 말해 보려고 합니다.

그것은 모든 생물체는 그들의 종種이 진화해 온 전 과정을 한 개체의 일생에서 압축·반복한다는 진화론에 입각하여, 한 시인도 신화기로부터의 시의 발달 과정을 자신의 생애에서 어느 정도 압축·체험해 내는 것이 아니겠느냐는 추론입니다.

대부분의 시인들은 낭만적인 서정성에 의한 '시인'의 꿈으로 시작하여, 주지적이거나 실험적인 단계를 거쳐, 나이가 들면 인생론적인 경향으로 접어들게 된다고 생각합니다.

짧은 생애의 천재들이나 미숙한 시인들만이 한 가지 경향의 시를 씁니다.

크게 볼 때, 시인에게는 두 부류가 있습니다. 하나는 시를 찾아 나선 사람들이고, 또 하나는 시가 찾아온 사람들입니다. 천재란 바로 후자이지요. 그러나 천재가 아닌 우리들도 용기를 잃지는 맙시다. 스스로 찾아온 시와 사랑을 불사르고 나면, 그는 곧 삶의 의미를 잃게 되어 세상을 뜹니다. 그래서 그는 한 가지 시풍밖에 남길 수 없는 것입니다. 그렇지만 시를 찾아 평생을 헤매야 하는 우리들은 세월이 흐름에 따라 사랑의 대상을 여럿 만나게 됩니다. 그리고 오랜 방황 끝에 진실로 사랑할 것은 '인생'밖에 없다는 사실을 알게 될 때, 그의 노래가 보다 많은 사람들을 감동시키게 될 것입니다. 문제는 그러할 때까지 시를 향한 사랑의 불꽃이 꺼지지 않겠느냐는 것이지요. 처절함이야말로 시혼의 본질인 것입니다.
　이러한 과정을 거친 끝에 다시 묻는 "시란 무엇인가?"라는 질문은 당연히 다를 것입니다.

　이제 마지막으로, 시를 정의하지 않으면서도 가장 시적인 정의로 여겨지는 예를 소개하겠습니다.

- 시는 어떤 정의로부터 빠져나가 결국 하나의 수수께끼로 남을 것이다.(보르헤스)

　나는 보르헤스에게서 시의 해방을 느낍니다. 사실 내가 내심으로 의도한 것은 "시란 무엇인가?"라는 질문에 대한 당신의 답은 무엇인가라는 것이었는데, 보르헤스에 이르러서야 그것이 '수수께끼' 같은 얘기라는 걸 깨닫게 됩니다.
　지금 몇 시냐고 물으면 누구나 쉽게 대답할 수 있지만, 시간이 무엇이냐는 질문에는 아무도 대답할 수 없다고 말한 것이 어거스틴이었던가요. 그렇습니다. 모든 시의 정의들은 지금 몇 시에 해당된다는 얘기지요. 시의 '시간'을 말할 사람은 없으니, 그대로 '수수께끼'로 남겨 두는 게 좋겠다는 것입니다.

　'시란 무엇인가?'라는 질문은 결국 '인생이란 무엇인가?'와 상통하게 마련입니다. 여러분도 어느 때쯤엔가는 '내 인생에 있어 시란 무엇이었던가?'라는 과거형의 질문을 스스로 하게 될 때가 있을 것입니다.

그러하니 여러분, 깊은 밤에 이렇게 자문해 보시기 바랍니다.
"나의 삶은 시인의 삶인가?"

이번 편지에 못다 한 말들은 '시인'에 대해 얘기할 때 다시 하겠습니다.

그럼, 또….

2008. 6. 24

늙은 시인으로부터의 편지 · 06

고사성어 시론

열대야와 장맛비가 반복되고 있습니다. 아무 일도 하지 않아도 심신이 피곤합니다. 이럴 때는 무거운 얘기는 피해야겠지요. 그래서 옛날이야기 좀 하려고 합니다. 시에 대한 얘기니까 시화詩話인 셈이지요. 온고지신溫故知新이라고, 옛 시인들이 시에 대해 어떻게 생각했는지를 살피는 것은 후대 시인들에게 필수적인 일이 아닐까요.

고사성어로 남아 전해지는 시에 관한 명언의 으뜸은 역시 공자의 '사무사思無邪'가 아닐까 합니다. 『시경詩經』의 작품 전체를 두고 "사악함이 없다."고 한 이 한마디가 시의 별칭으로 통용되고 있으니, 그 권위를 인정해야겠지요.

『서경書經』에 나오는 '시언지詩言志 가영언歌永言', 곧 '시란 뜻을 말하는 것이고, 노래란 말을 길게 읊조리는 것'이라는 말이나, 『시경』의 '시자지지소지야詩者志之所之也', 즉 '시란 것은 뜻이 가는 바의

47

것'이라는 고사성어도 기억해 둘 만한 것이지요. 선인들은 마음속의 '뜻'을 시의 본령으로 생각했던 것입니다.

이런 관점에서 교연皎然의 『시식詩式』에 나오는 '시유사리詩有四離', '시유사불詩有四不', '시유사심詩有四深'이라는 고사성어도 유념해 볼 만 합니다.

'시유사리'란 시에서 거리를 두어야 할 네 가지 상황, 곧 "비록 도의 정취를 기약한다 해도 과감하고 편벽된 경우에서는 떠나야 하고, 비록 경전과 사서를 쓴다 해도 먹물 든 서생의 차원은 벗어나야 하며, 비록 고아하고 은일한 것을 숭상한다 해도 우활하고 먼 경우는 떠나야 하며, 비록 날고 뛰고자 해도 경박하고 부화한 투식에서는 벗어나야 한다."는 것입니다.

'시유사불'은 시를 지을 때 범해서는 안 될 네 가지 규칙을 일컫는 것인 바, "기세는 높다고 해도 격노해서는 안 되니, 격노하면 속된 풍습에 휩쓸려 버린다. 힘은 굳세도 드러나서는 안 되니, 드러나면 도끼질 당해 다친다. 정서는 다감하다 해도 암울해서는 안 되니, 암울해지면 졸렬하고 노둔한 곳에 미끄러진다. 재주가 그득하다 해도 소루해서는 안 되니, 소루해지면 맥락을 잃게 된다."는 것입니다.

'시유사심'은 시를 쓰기 위한 네 가지 심오한 수련, 곧 "기상이 작품 속에 가득 깔리는 것은 체세를 깊게 하는 데서 이루어지며, 의도가 넓게 펼쳐지려면 그 작품을 깊게 하는 데서 이루어진다. 운율을 쓰는 것이 막히지 않고자 한다면 성률에 대한 활용에 공을 들여야 하며, 사상을 사용하는 데 너무 직선적이지 않고자 한다면 의미의 유형을 살피는 태도가 깊어져야 한다."는 것입니다. 모두 마음에 담아 둘 깨우침들입니다.

우리가 흔히 쓰는 '환골탈태換骨奪胎'라는 말도 사실은 남의 작품을 빌어다가 훌륭하게 자기 것으로 만들어 낸다는 문학 용어입니다.

송나라 때 문인 황정견黃庭堅은 옛 시의 내용을 빌어 자신이 나타내고 싶은 어떤 뜻을 자신의 언어로 표현하는 것을 '환골법換骨法'이라 하고, 고시의 내용을 깊이 연구하고 체득한 기초 위에서 어떤 형상을 한층 더 심오하게 그려 내는 것을 일컬어 '탈태법奪胎法'이라 했는데, 이를 합쳐 '환골탈태'라 한 것입니다.

'퇴고推敲'의 고사는 모르는 사람이 없을 터입니다. 당나라 시인 가도價島가 "승퇴월하문僧推月下門"이라는 시구에서 시인 한유韓愈의 조언을 듣고 '퇴推'를 '고敲'로 바꿔 썼다는 고사 말입니다. "스님이 달빛을 받으며 문을 민다"는 것보다 "문을 두드린다"라는 표현이 더 시적이라는 것이지요.

이렇듯 시에서는 한 자의 쓰임새를 중시해 왔습니다. 이에서 '구중안句中眼', '자안字眼', '시안詩眼'이라는 말이 유래합니다. 서거정徐居正도『동인시화東人詩話』에서 "무릇 시의 묘함은 한 자에 있다. 그래서 옛사람들은 글자 하나로써 스승을 삼았다."고 강조했습니다.

김부식金富軾이 "버들 빛 천 갈래로 푸르고/ 복숭아꽃 만 점으로 붉네[柳色千絲綠 桃花萬點紅]."라고 읊자, 그에 의해 처형을 당한 정지상鄭知常 귀신이 나타나 "천 갈래니, 만 점이니 씨부렁대는데, 네가 세어 보았냐?" 하고 뺨을 갈기며 "버들 빛은 가지마다 푸르고/ 복숭아꽃은 송이마다 붉네[柳色絲絲綠 桃花點點紅]."라고 하는 거라며 호통을 쳤다는 일화에서도 한 자의 효율성을 거론한 것입니다(이에 대한 자세한 내용은 계간시지《시안》창간호에 장원철 교수가 쓴 〈시안詩眼, 시의 오묘한 눈빛〉을 꼭 참조하시기 바랍니다).

이와 같이 시작품에서 한 글자를 바로잡아 시의 정곡을 깨우쳐 주는 사람을 일컬어 '일자사一字師'라 합니다. 이에는 여러 가지 고사가 있지만, 당나라 때 시인 정곡鄭谷이 제기齊己라는 스님이 쓴 〈조매 早梅〉라는 시에 "앞마을에 깊은 눈이 내렸는데, 어젯밤에 매화 몇 가 지가 벌렸구나[前村深雪裏 昨夜數枝開]"라는 구절을 보고 다음과 같이 말 했다는 예가 대표적인 고사입니다.

"참 좋은 작품입니다만, '몇 가지[數枝]'는 〈조매(일찍 핀 매화)〉라 는 제목과 어울리지 않으니 '한 가지'로 바꾸는 것이 좋을 듯합니다."

앞쪽에서 예를 든 가도와 한유의 관계도 '일자사'라 할 수 있겠는 데, 이 글을 읽는 독자 여러분들 가운데는 자신의 '일자사'가 문득 떠오르는 사람도 있을 것입니다.

당나라 초기의 문장가 왕발王勃은 글을 쓸 때 메모를 하거나 초고 를 만드는 일이 없이, 먼저 먹을 갈아 놓고 종이와 붓을 갖춰 놓은 다 음, 술을 몇 모금 마시거나 잠을 청하기도 하다가, 생각이 무르익으 면 즉시 일어나 단숨에 글을 써 내려갔는데, 한 글자도 고칠 것이 없 었다 합니다. 그래서 사람들은 그가 잠을 자는 것이 아니라, 작품 구 상을 오래하여 배[腹] 안에 초고를 쓰는 것이라고 했답니다. 이에서 연유된 말이 '복고腹稿'입니다. 요즘의 시에는 날림 공사가 흔하지 요. 여러분도 '복고' 수련을 많이 하시기 바랍니다.

'금낭가구錦囊佳句'라는 말을 들어 보셨는지요. 당나라 중기의 천 부적인 시인인 이하는 몸이 허약하여 서동書僮이 이끄는 말을 타고 야외로 나가곤 했는데, 시상이 떠오를 때마다 한 구절씩 읊으면 서동 이 얼른 받아 써서 금낭錦囊에 넣어 두었다가 집에 돌아온 후, 다시 정리하여 작품을 완성시켰다고 합니다. 이 고사에서 빼어난 시구를 일컫는 '금낭가구'라는 말이 생겨난 것입니다.

조조의 아들 조비가 자기의 동생인 조식을 해칠 목적으로 일곱 발자국을 걷는 동안 시를 짓지 못하면 위인죄偽人罪로 처벌하겠다고 협박하자, 조식은 곧바로 "콩깍지로 콩을 삶으니/ 콩은 솥 속에서 흐느끼도다/ 본디 한 뿌리에서 태어났건만/ 어찌하여 이토록 성급하게 태우는가?"라는 그 유명한 〈칠보시七步詩〉를 읊었습니다. 천재적인 시재를 일컫는 '칠보지재七步之才'의 고사지요.

  한시의 작법에는 도입부에선 먼저 서경적인 자연과 사물의 묘사를 한 다음, 뒷부분에서 시인 자신의 감정이나 생각을 표출한다는 불문율이 있습니다. 이를 '선경후사先景後事'라 하지요. 일본의 하이쿠도 이의 축소판이라 할 수 있습니다.

  이 글을 쓰는 데 여러 책자를 참고했지만, 그 가운데서도 임종욱 교수의 『고사성어 대사전』(시대의 창)이 가장 큰 도움이 되었습니다. 글쓰기에 관한 그 밖의 고사성어들은 그 책을 참고해 주시기 바랍니다.

  무더위를 달랜다고 옛날얘기 좀 한다고 했는데, 모두가 한자로 된 예들이어서 혹시 부담이 되지 않으셨는지요. 세상에 쉬운 일이 어디 있겠습니까. 글쓰기도 마찬가지이지요. 두보 같은 대시인도 "시어가 이루어지지 않으면 죽어도 그치지 않겠다[詩語不成不休]."고 혀를 깨물었습니다.

  지금까지 문학 생활을 하면서 여러 가지를 깨우쳤지만, 그중의 하나가 '문학 스승보다는 책을 더 따를 것'이라는 것이었습니다. 다음번에는 이 책 읽기에 대한 얘기를 해보려고 합니다.

  그럼, 또….

2008. 7. 24

늙은 시인으로부터의 편지 · 07

'한 권의 책'과 '최후의 저자'

 가을입니다. 그냥 가을이 아니라, 횔덜린이 "완숙의 노래를 다 부를 수 있도록 가을을 한번 더 주옵소서."라고 염원한 그 가을입니다.
 춘하추동의 계절마다 그 느낌을 이끄는 한마디 감탄사가 있으니, "오, 봄이여!", "우, 여름이네!", "으, 겨울이라니!"가 그것이라면, 가을은 "아, 가을이다!"가 제격일 터입니다.
 가을의 대명사처럼 운위되는 '등화가친燈火可親'이라는 말도 시인 한유의 시구에서 유래합니다. 그러하니 어찌 가을을 맞아 독서에 대한 이야기를 하지 않을 수 있겠습니까.
 예로부터 '삼희성三喜聲'이라 하여 집안에서 나는 세 가지 기쁜 소리가 있다 했으니, '다듬이 소리', '책 읽는 소리', '갓난아이 우는 소리'가 그것입니다. 아, 그런데 요즘은 그 세 가지 기쁜 소리를 들어 볼 수 없지요. 요란한 부부싸움이라도 해야 사람의 소리를 들을 수 있지요. 어쩌다 아이들이 쿵쾅거리고 뛰놀면 곧바로 항의 전화가 울려 오고, 옆집에서 사람이 죽어도 며칠씩 모르고 지내는 경우도 허다합니다. 그렇게 세상은 변했습니다.

그래도 책은 읽어야 합니다. 더구나 가을이잖습니까. 컴퓨터가 제 아무리 기승을 부린다 한들, 그 기계화의 역기능으로 책에의 향수가 독서의 진미를 더욱 불러일으킬 것이라고 나는 확신합니다.

그런데 독서에 대해서 나의 체험적 소견을 말하기 전에 먼저 전제할 사항이 하나 있습니다. 그것은 나보다 몇 배 더 훌륭한 독서론들이 이미 부지기수로 쓰여졌다는 사실입니다. 나의 이야기는 그 이삭줍기에 불과합니다. 그래서 우선 '책'에 대한 선인들의 말들을 소개해 볼까 합니다.

- 가장 좋은 친구는 가장 좋은 책이다.(체스터필드)
- '고전'은 사람들이 칭찬은 하지만 읽지는 않는 책이다.(트웨인)
- 밭이 있어도 갈지 않으면 곳간이 비듯이, 집에 책이 있어도 가르치지 않으면 자손은 어리석게 된다.(백거이)
- 요즘은 많이 모아 놓은 책들이 바로 진정한 대학교다.(칼라일)
- 책은 위대한 천재가 인류에게 남긴 유산이다.(에디슨)
- 책이 없는 방은 영혼이 없는 육체와 같다.(키케로)
- 죽은 자들, 곧 책들의 의견을 물어라.(서양 속담)
- 모든 서적 중 나는 다만 사람이 그 피로 쓴 것만을 좋아한다.(니체)
- 내가 인생에 대해 안 것은 사람과 접촉한 결과가 아니라, 책과 접촉한 결과다.(프랑스)
- 인생은 한 권의 책과 같다. 미련한 사람들은 그것을 대충대충 읽어 버리지만, 현명한 사람들은 정성껏 읽는다. 왜냐하면 그는 단 한 번

밖에 그 책을 읽을 수 없다는 것을 알기 때문이다.(보에르)
- 아름다운 책을 읽는 것은, 책이 우리에게 속삭일 때 우리의 영혼이 그에 대답하는 끊임없는 대화인 것이다.(모로아)

책에 대한 금언들이 어찌 이뿐이겠습니까. 이들보다 더 빼어난 말을 당신은 알고 있을지도 모르겠습니다.

알렉산더와 나폴레옹이 전쟁 중에도 책을 즐겨 읽었다는 것은 널리 알려진 일화입니다. 도스토예프스키는 황제 암살 음모에 어쩌다 연루되어 교도소 수감 중에 『성경』을 읽고서 "제2의 인생을 시작하게 되었다."는 편지를 형에게 썼고, 니체는 서점에서 쇼펜하우어의 『의지와 관념의 세계』라는 책을 발견하고, "어느 귀신이 나에게 그 책을 어서 사 가라고 속삭이는 것 같아." 집에 돌아와 14일간을 침식을 잊을 정도로 탐독했다 합니다. 그는 "숭고한 천재의 마력에 복종할 수밖에 없었다."고 고백했습니다.

이렇듯 사람에게는 '한 권의 책'이 있기 마련입니다. 누군가 외로움의 늪에 빠져 있을 때, 갈 길을 찾지 못하고 방황할 때, 또는 실의와 절망감에서 허덕일 때, 권유를 받았거나 우연히 읽게 된 책이 그의 삶의 빛이 되고, 새로운 활로를 열어 주게 된다면, 그 '한 권의 책'은 그에게 '운명의 서書'가 될 것입니다.

그 '한 권의 책'을 만나려면 평소 책을 사랑해야 합니다. 그것은 빠를수록 좋다고 나는 생각합니다. '한 권의 책'이 중요한 것은, 그 책이 수많은 책들을 데리고 와서 인생을 더없이 풍요롭게 해주기 때문입니다. 당신도 '한 권의 책'을 만나셨는지요.

책에 대한 사랑은 반드시 '읽기'로 증명되어야 합니다. 베이컨은 "어떤 책은 맛만 보고, 어떤 책은 집어 삼키고, 소수의 어떤 책은 잘

씹어서 소화해 내야 한다."고 했고, 주희朱熹는 심도心到, 안도眼到, 구도口到의 '독서 삼도'를 권했으며, 다독이니 정독이니 통독이니 속독이니 하는 등의 독서법들이 운위됩니다. 그런가 하면 쇼펜하우어는 독서에 큰 비중을 두지 않았습니다. 특히 다독은 금기시했습니다.

 나의 체험에 견주어 보건대, 청소년 때는 다독을 하고, 나이가 들수록 정독을 하는 것이 바람직하지 않나 생각합니다. 좀 더 구체적으로 말하자면 유아기에는 '귀'로, 소년기에는 '눈'으로, 청년기에는 '머리'로, 그리고 장년기 이후부터는 '마음'으로 책을 읽게 된다는 것이지요.

 글을 깨우치기 전의 유아기는 사실 '읽기'가 아니라 '듣기'입니다. 옛날얘기나 동화를 듣고 자란다는 것은 아주 행복한 독서 생활입니다. 어린 시절에 많은 얘기를 듣고 자란 아이가 훌륭한 독서가가 된다고 나는 믿습니다.

 아이가 글을 깨우치게 되면, 그때부터 '눈'으로 읽기 시작합니다. 아이는 탐험가처럼 새로운 글자의 해독에 무한한 즐거움과 성취감을 맞보며 문자 생활에 입문하게 됩니다. 만화에 치중된 이때의 책 읽기는 독서가로서는 태아적 모습입니다만, '눈'에 의한 독서에 흥미를 느끼지 못하면 장차 책을 사랑할 기회를 놓치기 쉬울 것입니다.

 청년이 되면 사고력이 가동됩니다. 왕성한 지식욕, 미래에 대한 꿈, 사회 문제들에 대한 열정적 비판의식 등, '머리'로 생각하게 되지요. 이때에 독서의 굶주림을 느껴야 합니다. 아직은 깊이가 없고, 체계도 잡혀 있지 않더라도 맹수처럼 책을 포식해야 합니다. 인생 역정에서 언젠가는 새로운 의미로 유용한 에너지를 제공하게 될 정신적 자양분을 마음껏 섭취해 두라는 뜻이지요.

 독서의 마지막 단계는 '마음'으로 읽는 것입니다. 마음은 상상과 감성과 지식이 시행착오를 거쳐 정제된 영혼의 거처입니다. '머리'는 생각은 하되 '느낌'이 결여됩니다. 느낌이 없다면 '감동' 할 수 없습니다.

감동은 영혼의 르네상스입니다. 책은 인생의 지혜의 보고이자, 상상력의 체험장으로서 감동을 통한 인간 성숙의 최상·최선·최고의 매개물인 것입니다.

"당신이 이 큰 전쟁을 일으킨 책의 저자인 작은 여인이군요." 이것은 링컨 대통령이 『톰 아저씨의 오두막집』의 저자인 스토 부인을 만났을 때 건넨 말입니다. 남북전쟁은 그 소설에 감동을 받은 북부의 미국인들이 일으킨 전쟁이라 해도 과언이 아닙니다. 감동은 그렇듯 한 인간의 인생과 함께 세상을 변화시키는 영혼의 에너지입니다.

내가 지난번 편지에서 문학 스승보다 책을 더 따르라고 한 까닭이 바로 여기에 있습니다. 거듭되는 독서의 감동 없이 문학인이 된 경우는 전혀 없을 것입니다. 그러니 어찌 책을 멀리하고서 시인·작가가 된다 하겠습니까.

"글자도 금박도 지워지고, 종이도 닳아빠진 낡은 책의 표지와 같은 인쇄 전문가 벤자민 프랭클린의 몸이 여기 구더기의 밥으로 누워 있다! 그러나 책 자체는 없어지지 않을 것이다. 왜냐하면 그가 믿었던 것처럼 저자가 내용을 수정하여 아름다운 수정판을 다시금 낼 것이기 때문이다!"

위의 말은 벤자민 프랭클린의 자작 묘비명입니다. 나는 이 묘비명을 읽을 때마다, '저자'라는 말에 대해 생각을 해봅니다. 모든 저자들이 살아 있을 때는 수정판을 얼마든지 펴낼 수 있지만, 그가 세상을 떠난다면 누가 수정판을 낼 수 있겠습니까. 따라서 더 완성된 수정판을 내는 것은 '독자'라는 것이 내 생각의 결론입니다.

그렇습니다. 모든 책은 독자의 가슴에서 완성되는 것입니다. 세상에 모든 사람들에게 똑같이 읽히는 책은 없습니다. 한 권의 저서는 독자의 수만큼 다량이 되는 것이지요. 같은 책이라도 젊었을 때와 나이가 들어서의 느낌이 다르지 않습니까. 독자의 가슴에 새로운 의미로 남겨지지 않는 책은 결코 좋은 책이 아닙니다. 버지니아 울프는 해마다 『햄릿』을 새로 읽고, 그 느낌을 글로 남긴다면 그것이 곧 여러분들의 자서전이 될 것이라고 했습니다.

이런 까닭에서 나는 독자를 '최후의 저자'라고 즐겨 부릅니다. 어떤 의미에서는 잘 쓰기보다 잘 읽기가 더 어렵습니다. 글쓰기란 사실 인생과 인간과 사물에 대한 읽기의 결과물일진대, 그 읽기에 대한 읽기가 쉽지 않은 것은 당연할 것입니다.

보르헤스가 자신을 작가가 아니라 훌륭한 독자라고 한 이유를 알 듯합니다. 그러하니 여러분, 올가을에는 최초의 독자인 저자보다 최후의 저자인 독자의 의미를 재음미해 보시지 않으시렵니까.

책, 그것은 영혼의 집이며, 독서는 그 영혼과의 내밀한 대화인 것입니다.

그럼, 또….

2008. 8. 25

내가 읽은 독서 안내서들

　가을이 깊어 갑니다.
　당신의 생각도 그렇게 깊어지기를 바랍니다. 시와 책을 들여놓기에 가장 좋은 곳이 바로 깊은 마음입니다. 그래서 '가을'이지요.
　이번에는 독서에 관한 책들에 대해 이야기를 해볼까 합니다. 내가 지금까지 읽어 본 독서에 관한 책들은 1백여 권에 불과합니다. '불과' 하다는 말은 이 세상에 수천 권의 독서론이 있을 터인데, 내가 읽은 것은 고작 그 정도밖에 되지 않는다는 것입니다. 그러나 한편으로는 그만큼 읽은 사람도 그리 많지는 않을 듯싶고, 특히 문학지망생들에게는 더욱 드물 것 같아, 그 가운데서 독서 생활에 도움이 될 책들을 소개하는 것도 무의미하지는 않을 듯싶군요.

　세상의 모든 일에는 그 발단의 '첫' 시작이 아주 중요하지요. 그래서 나는 첫 번째 편지에서 '첫'을 '운명의 이니셜'이라고 강조한 바 있습니다.

내가 처음 접한 독서 안내서는 『독서술』(에밀 파게)과 『독서의 지식』(안춘근)입니다. 둘 다 120~130여 쪽의 문고판이고, 똑같이 4292년(1959년)에 발행됐으니 50년 전의 일이군요. 마침 『독서술』의 속표지에 '4292년 10월 6일'이라는 구입 연월일이 표기되어 있어 실감을 더해 줍니다. 세월이 지나면 아무런 의미도 없는 책장의 낙서나, 어쩌다 책갈피에 끼어 있는 한 올의 머리카락도 골동품적 가치를 지니게 됩니다.

나는 책을 읽기 전에 으레 빨간색 볼펜과 담배를 양손에 쥡니다. 빨간 볼펜은 마음에 드는 구절에 밑줄을 긋기 위한 것이요, 담배는 글의 내용을 음미하는 데 있어 아주 훌륭한 안내자 역을 해주기 때문입니다.

『독서술』이나 『독서의 지식』이나 지금에야 그 내용들이 아슬히 잊혀졌지만, 전자는 문학 장르에 따른 독서법을, 후자는 독서와 관계되는 여러 가지 상황들을 열거한 것인데, 『독서술』에 '시인'에 관한 부분의 번역을 생략했다는 역자의 해설이 웬만큼 원망스럽지가 않았습니다.

그러나 빨간 밑줄을 그은 부분 중에서 지금까지도 기억에 남는 두 가지가 있습니다. 그 하나는 『독서의 지식』에 소개된 "나는 독서하는 방법을 배우기 위해 80년이라는 세월을 바쳤는데도 아직까지 그것을 배웠다고 말할 수 없다."는 괴테의 말이고, 또 하나는 『독서술』의 다음과 같은 첫 대목입니다.

옳게 읽기 위하여서는 우선 매우 천천히 읽어야 하며, 그다음으로도 또 매우 천천히 읽어야 한다.

첫 문장은 사람에게 있어 첫인상과 같습니다. 첫 문장에 매혹되면 그 책을 읽고 싶은 충동이 일어나지요. 역으로 말하자면 '천천히 읽기'를 권장한 이 첫 문장 때문에 오히려 그다음의 궁금증으로 '빨리빨리' 읽게 되었지 뭡니까(이들 '첫 문장'의 마력에 대해서는 다음 편지에 다뤄 볼까 합니다).

어쨌거나 『독서술』이라는 책은 이 첫 문장 한 대목을 얻은 것만으로도 나의 독서 생활에 첫사랑처럼 또렷이 살아남아 있습니다.

'천천히 읽기'는 에밀 파게만의 독서술이 아닙니다. 소설가 플로베르는 "아, 아! 17세기 사람들, 그들은 얼마나 천천히 읽었던가!"라고 경탄했다지요.

야마무라 오사무의 『천천히 읽기를 권함』이나, 히라노 게이치로의 『책을 읽는 방법』은 바로 이 '천천히 읽기'를 권장하는 좋은 안내서입니다. 이들은 모두 밑줄 긋기와 다시 읽기를 권하는 지독파遲讀派의 명수들입니다.

반대로 속독을 주장하는 사람도 있습니다. 다치바나 다카시가 그 대표입니다. 그는 "한 쪽을 읽는데 1초, 좀 늦더라도 2, 3초면 읽을 수 있다. 300쪽 책이라면 300초에서 900초, 그러니까 5분에서 10분밖에 걸리지 않는다."고 할 정도의 속독파입니다.

그러나 나는 속독법을 그리 높이 평가하지 않습니다. 그건 책 읽기가 아니라, 책 보기·훑어보기지요. 특별한 경우를 제외하고서는 책은 천천히 읽어야 합니다.

그렇지만 다카시의 『나는 이런 책을 읽어 왔다』는 필독서의 하나입니다. 여러 가지 유익한 독서 체험의 교훈들이 있지만, 그 가운데서도 그가 권장하는 14가지 독서법, 곧 책을 사는 데 돈을 아끼지 마라. 하나의 테마에 대해 책 한 권으로 다 알려고 하지 말고, 반드시 비슷한 관련서를 찾아 읽어라. 책 선택에 대한 실패를 두려워하지 마라. 자신의 수준에 맞지 않는 책은 무리해서 읽지 마라. 남의 의견이나 북 가이드 같은 것에 현혹되지 마라. 주석을 빠뜨리지 말고 읽어라. 책을 읽을 때는 끊임없이 의심하라. 번역서는 오역이나 나쁜 번역이 생각 이상으로 많다. 대학에서 얻은 지식은 대단한 것이 아니다. 젊은 시절에 다른 것은 몰라도 책 읽을 시간만은 꼭 만들어라 와 같은 조언들은 많은 도움을 줍니다.

독서에도 역사가 있습니다. 이는 물론 문자의 발명, 책의 탄생, 독서술, 금서, 번역 등의 문제와 관계됩니다.

이 모든 상황들을 가장 폭넓게 다루는 참고서로는 『독서의 역사』(알베르토 망구엘)가 압권입니다. 독서인이라면 반드시 읽을 책이지요. 책 읽기의 사회적·문화적 해석을 주안점으로 한 『읽는다는 것의 역사』(로제 사르티에·굴리엘모 카발로 엮음)나, 책의 수난사를 다룬 『사라진 책의 역사』(뤼시앵 플라스트롱), 그리고 금지된 책의 문화사인 『100권의 금서』(니컬러스 J. 캐롤리드스·마거리트 볼드 공저) 등은 관계 분야의 명저들입니다. 모두 방대한 분량이지만 관심 있는 사람들에겐 오히려 풍성한 먹거리로 보일 수도 있겠지요.

만일 당신이 '애서광' 또는 '독서광' 임을 자처한다면 아마도 다음의 책을 읽어 보셨을지도 모르겠습니다.

먼저 1천 쪽이 넘는 『젠틀 메드니스』(N. A. 바스베인스)라는 책 수집광들의 실화입니다. 희귀본을 소유하기 위해 막대한 돈과 각종 음모와 살인까지도 불사하는 사람들의 일화를 집대성한 역작이지요. 『온건한 광기(A Gentel Madness)』라는 책명이 반어법의 흥미를 유발합니다. 이의 부록처럼 문고판 단편소설인 플로베르의 『애서광 이야기』는 별미를 느끼게 하는 픽션입니다.

헌책방 서점가의 기인인 리처드 부스의 『헌책방 마을 헤이온와이』는 정말로 흥미진진한 자전서입니다. 영국 웨일스의 헤이온와이라는 작은 마을을 전 세계의 헌책방의 수도로 만들고 '헤이 독립선언문'을 선포하며 스스로 왕 위에 오른 그의 기인 행각은 애서광의 열정을 여실히 보여줍니다.

출판사는 저자의 대리모입니다. 따라서 세계적인 유명세를 빛내는 프랑스의 '가스통 갈리마르' (피에르 아슬린)와 미국의 '랜덤 하우스' (베네트 서프)는 경영 측면이 아니라, 책을 출판하는 사람의 철학과 신조와 식견, 그리고 그의 열정이 얼마나 좋은 책과 좋은 작가의 발굴에 관계되고 있는지를 감명 깊게 얘기해 줍니다. 특히 '랜덤 하우스'의 베네트 서프가 "돌아가신 후에 묘비에는 뭐라고 쓸까요?"라는 질문을 받고 "그는 어딜 가든지 거기 모인 사람들을 늘 조금씩 더 행복하게 만들어 주었다."라고 써달라고 했다는 일화는 가슴을 찡하게 합니다. 그 한 대목만으로도 그 흔해 빠진 인생론서 몇 권을 읽은 것보다 더 감명을 받았습니다.

'저술·출판·독서의 사회사' 라는 부제가 붙은 『카사노바는 책을 더 사랑했다』(존 맥스웰 해밀턴)는 그 풍부한 자료 이용과 독특한 필치, 그리고 해학적 설명들이 이목을 끕니다. 이 책의 앞에는 "경고: 종이에 베일 수 있음. 장갑을 끼시오!"라는 저자의 경고문이 실려 있습니다. 이런 저자의 책에는 인간적인 신뢰감을 보낼 수 있습니다.

블라디미르 나보코프, 윌리엄 골딩, J. D. 샐린저, 제임스 조이스, 오스카 와일드, 조지 오웰, D. H. 로렌스, 어니스트 헤밍웨이, T. S. 엘리어트, 그레이엄 그린 등 세계적인 작가들의 대표작의 초판본을 중심으로 한 『아주 특별한 책들의 이력서』(릭 게코스키)도 아주 흥미롭게 읽을 수 있는 책입니다.

독서는 교양 증진의 에너지원입니다. 대부분의 독서 안내서나 해설서들이 다량인 것도 이 때문입니다. 내가 읽은 것 중에서 10권만 추천한다면 우선 헤럴드 블룸의 『교양인의 책읽기』를 필두로, 『사람이 읽어야 할 모든 것: 책』(크리스티아네), 『세상을 바꾼 12권의 책』(맬빈 브래그), 『교과서가 죽인 책들』(로버트 다운스), 『위대한 책들과의 만남』 1·2권(데이비드 덴버), 『독서 일기』(알베르토 망구엘), 『내가 읽은 책과 그림』(라르셀 라이히 라니츠키), 『열렬한 책읽기』(한샤오궁), 그리고 『침대와 책』(정해윤) 등이 될 것입니다.

어찌 이들 열 권뿐이겠습니까. 내 서가에는 나에 대해서도 좀 언급해 달라는 책들의 아우성이 넘쳐흐르고 있습니다. 당신의 교양 독서 베스트 텐은 나와 사뭇 다를 수도 있을 것입니다. 그게 사람의 일이고, 그게 또한 사람의 삶이지요.

서재와 관계된 독서론으로서는 『서재 결혼시키기』(앤 패디먼)라는 개성적인 내용의 책이 있고, '세계를 이해하는 데 도움을 주는 10가지 논픽션', '불 속에서 구하고 싶은 10가지 책' 등 11가지 상황마다 10권씩의 책을 권장하는 『독서가 어떻게 나의 인생을 바꾸었나?』(에너 퀸들런)라는 소책자도 읽어 둘 만한 책입니다.

잡다한 세상사와 관련시킨 『책과 바람난 여자』(아니 프랑수아)는 제목과는 달리 아주 탁월한 독서 에세이입니다. 또한 『읽지 않은 책에 대해 말하는 법』(피에르 바야르)은 형이상학적·심리적인 독서론으로 이색적입니다. 근래에는 예술이 심리치료에 널리 이용되고 있는 추세인데, 『독서치료』(한국어린이문학교육학회 독서치료연구회)와 『독서치료, 어떻게 할 것인가』(이영식)가 안내서라고 생각합니다.

나는 항상 뛰어난 시인이 되기에 앞서 훌륭한 독자이기를 염원하고 있습니다. 이 글을 쓰는 내내 정말 잘 읽어야 할 것은 '인생'이라는 생각이 떠나지 않았습니다. 나의 이 편지가 소개해 드린 책들보다 '가을'을 더 깊이 읽어 내는 데 도움이 되었으면 합니다. '가을'만 한 인생 독본이 어디 있겠습니까.

그럼, 또⋯.

2008. 9. 25

늙은 시인으로부터의 편지 · 09

명 첫 문장 10선

　1996년도 노벨문학상 수상자인 폴란드 시인 비스와바 심보르스카는 수상 소감 연설을 이렇게 시작했습니다.
　"연설에서는 늘 첫마디가 제일 어렵다고 생각됩니다. 자, 이미 첫마디는 이렇게 지나갔군요."
　시인다운 솔직함의 유머감각이 돋보이는 연설문의 첫 대목입니다. 이렇게 시작되는 연설은 노벨문학상 시상식이라는 엄숙한 분위기의 긴장감을 일시에 풀어 주고, 아무리 긴 연설일지라도 호감의 기대로 끝까지 경청하게 해줍니다.
　사람의 만남에서도 첫인상·첫마디 말이 평생에 걸쳐 그 사람의 이미지로 각인되는 경우가 많습니다.
　나는 첫 번째 편지에서 '첫'을 '운명의 이니셜'이라 명명하고, 그에 대한 인생론적인 해설을 붙인 바 있는데, 이번에는 '첫 문장'에 관한 얘기를 해볼까 하는 것입니다.

'빨랫줄'을 "하늘 아래 첫 문장"이라고 한 것이 서정춘 시인이던가요. 그래서 모든 글들은 그 첫 문장에 널린 빨랫감들이어서, 나의 이 글도 아직은 덜 말랐고, 여기저기 꿰맨 자국도 눈에 띌 것입니다.

나의 정의로 첫 문장은 그 작품의 고고성呱呱聲입니다. 고고성은 생명 탄생의 신호음이지요. 힘찬 고고성이 건강한 생명력을 담보하듯, 첫 문장은 문학적 생명력을 함축시켜 줍니다(똑같은 맥락에서 '마지막 문장'은 '유언'이라 할 수 있을 터인 즉, 이에 대한 자료적 고찰도 차후에 해볼까 합니다).

그럼, 이제부터 나름대로 수집해 온 적지 않은 자료 가운데서 열 개를 골라 '명 첫 문장 10선'이라는 제목으로 소개를 해보겠습니다. 물론 내가 좋아하는 것들이지요.

첫 번째는 첫 문장의 상징이라는 대표성에 이의가 없을 구약 '창세기' 1장 1절의 "태초에 하나님이 천지를 창조하시니라."입니다.

무슨 잡설이 필요하겠습니까마는, 나는 종교적으로나 문학적으로나 『성경』이 '책 중의 책'이 되는 차별성이 이 선언적 첫 대목에 내재되어 있다고 생각합니다. 여기서 창조론과 진화론의 시시비비는 논외입니다.

이 첫 문장과 함께 신약 요한복음 1장 1절의 "태초에 말씀이 계시니라."라는 첫 대목도 유명세를 지니고 있지요. 위의 두 경우에 공통적인 '태초에'라는 말이 참 중요한 것 같습니다. 그래서 『태초에 노래가 있었다』(J. 알빈), 『태초에 사랑이 있었다』(권혁웅), 『태초에 모계사회가 있었다』(니키 로버츠)와 같은 책 제목들이 등장했고, 움베르토 에코의 『장미의 이름』은 "태초에 천지가 창조되기 전부터 말씀이 계셨다."로 시작되기도 합니다.

두 번째로 소개하고자 하는 것은 '천자문'의 첫 대목인 "천지현황天地玄黃 우주홍황宇宙洪荒"입니다. 너무나 널리 알려진 내용이라서 부연은 하지 않겠습니다마는, 창세기의 천지 창조와 같은 웅장·경건함으로 소책자의 서두를 삼았다는 점이 지극히 매혹적입니다.

이와 같은 거대 담론의 관점에서 세 번째는 『삼국지』의 "천하 대세는 나누인 지 오래되면 모이고, 모인 지 오래되면 나뉘인다."라는 첫 문장입니다. 여기에서 먼저 떠오르는 것은 중국인들의 전통적인 대륙적 웅지이지요. 흔히 일컫는 '만만디[慢慢的]'의 국민성 말입니다.

노자·장자적 무위無爲 개념이나 문학적 과장법, 또는 무표정의 게으름이나 내심의 움츠림도 천하 대세의 광활함과 무관하지는 않을 것으로 여겨지는데, 문제는 지금까지 참고 기다려 온 중국인들이, 천하 대세가 나누인 지 오래되었으니 이제는 중국이 하나로 모이게 하도록 서서히 몸을 추스리고 있다는 점입니다. 아, 얘기가 빗나간 듯싶군요.

네 번째는 불경佛經의 예입니다. 『화엄경』, 『법화경』, 『유마경』, 『금강반야경』 등, 대부분의 불경은 "여시아문如是我聞", 곧 "이렇게 나는 들었다." 또는 "내가 들은 바는 이러하다."로 시작됩니다.

4대 성인으로 추앙되는 분들 가운데 예수의 말씀은 "가라사대", "대답하여 가라사대"로 시작되고, 공자는 귀에 익은 '공자 왈'로 시작됩니다. 소크라테스의 경우는 플라톤의 입을 빌어 대신 전해 주는 형식을 취합니다.

그러나 석가모니는 그 이름은 등장하지 않고 그냥 "여시아문"입니다. 다른 분들이 자신의 생각을 직접 표출한 데 반해, 불경은 천상천하 유아독존의 절대자도 "내가 듣기로는"이라는 출처 미상의 메신저 역을 하고 있습니다. 그러나 거기에는 삼라만상의 본체에 대한 실상을 이미 파지把知하고 있는 초인간적 존재로서의 해탈의 겸허함이 엿보입니다. 그래서 나는 "내가 듣기로는"을 "내가 알기로는"의 변형이라고 생각합니다.

다섯 번째로는 역사적 명언을 소개하고자 합니다. 그것은 마르크스·엥겔스의 『공산당 선언』의 첫 대목입니다.

"공산주의라는 하나의 유령이 유럽을 떠돌고 있다."

이 대목은 모르는 사람이 없을 것입니다. 이 첫 문장뿐만 아니라, "만국의 프롤레타리아여, 단결하라!"는 마지막 문장도 유명하지요.

당시로서는 그 이상적 결실이 현실화되지 않아 '유령'의 불가시성이 강조되었지만, 실제로 그 유령 때문에 얼마나 많은 인류들이 희생되었습니까. 그 유령의 본가인 러시아는 폐가가 되었고, 불행하게도 우리들의 가장 가까운 곳에 유령의 집이 아직도 남아 있습니다. 참고로 마르크스의 묘비명은 "만국의 프롤레타리아여 단결하라!" 이고, 그의 부인(메니 마르크스)의 묘비명은 "칼 마르크스의 절반이 여기에 잠들다."라는 것도 기억에 남길 만합니다.

여섯 번째는 톨스토이의 『안나 카레니나』의 "행복한 가정이란 모두가 서로 매우 비슷하지만, 불행한 가정은 제 나름으로 불행한 것이다." 입니다.

인생에 있어 행복과 불행이란 참으로 규정하기가 힘들지요. 물질적·정신적 질량을 계측할 수 없기 때문이지요. 그래서 이 문장은, 행복한 가정은 대부분 물질적으로 풍요로와 보이지만, 불행한 가정은 물질적 빈곤에다가 정신적인 고통까지 겹쳐 천태만상이라는 뜻으로 읽게 됩니다. 물론 돈이 많아도 불행하게 사는 사람도 있지요.

아니 돈이 많아서 불행해진 사람도 많거든요.

안나 카레니나는 결국 자살을 택합니다. 따라서 인생의 행·불행은 돈의 문제가 아니라, 현실적인 고통을 죽음으로 이끌어 가느냐 아니냐의 마음의 문제인 것 같습니다. 극도로 어려운 가운데서도 마음을 잘 다스려 평안을 찾는 사람이 가장 행복하지 않을까요.

일곱 번째로는 파울로 코엘료의 소설 『11분』의 첫 문장 "옛날 옛적에 마리아라는 창녀가 있었습니다."를 선택했습니다.

창녀 이야기라고 머리를 젓지 마시기 바랍니다. 『성경』에서도 창녀에게 돌을 던진 사람은 하나도 않지 않습니까. 『11분』은 창녀 이야기이되, 동화처럼 순수하고, 멜로 드라마처럼 애잔하고, 연애시처럼 낭만적이기도 한 작품입니다. 더구나 실제의 창녀로부터 자료를 얻은 소설이라는 점에서는 논픽션적인 진실성도 담겨 있습니다. "옛날 옛적에…"로 끝나는 마지막이 동화적 요소를 더욱 가미시켜 줍니다. 책 뒷끝의 '작가 노트'를 꼭 읽어 주시기 바랍니다.

여덟 번째는 가장 짧은 첫 문장으로서 시몬 드 보부아르의 명저 『제2의 성』의 "여자란?"이라는 물음입니다. 보부아르는 이 한마디 질문의 답을 구하기 위해 1천5백 쪽에 가까운 대저를 썼습니다. 그리고 여자란 태어나는 것이 아니라 만들어지는 것이라는 저 유명한 '타자론他者論'을 결론으로 삼았습니다.

그러나 50년 후인 1999년에 미국의 인류학자 헬렌 피셔는 이에 맞서 『제1의 성』이라는 저서에서 20세기 이후의 여성의 사회적 우월성을 주장하는 논지를 폅니다. 그 책은 "신이 여자를 창조한 바로 그 순간 권태가 사라져 버렸다."는 니체의 말을 첫 문장으로 인용하고 있습니다. 나는 여자를 그 모성성에 의해 '제1의 성'이라고 생각하는 사람입니다. 페미니스트라면 두 권 다 우선 순위의 필독서일 것입니다.

아홉 번째는 아주 인간적인 첫 문장입니다.

"첫 강의인데 늦어서 미안합니다." 일본의 나카자와 신이치 교수의 『신의 발명』이라는 책의 첫 대목입니다. 자신의 실제 강의 내용을 기록한 책이지요. 그는 원시문화 속의 샤머니즘적인 신의 존재를 범신론적인 입장에서 추구합니다. '발명'이라는 말에서 이미 신은 인간이 창조해 낸 존재라는 개념이 암시되고 있습니다.

그러나 내가 이 첫 문장을 베스트 텐에 넣은 것은 신에 대한 얘기가 아니라, 첫 강의부터 지각을 했고, 그 지각에 대한 사과로부터 강의가 시작된다는, 지극히 인간적인 면 때문입니다. 요즘은 맡기 어려운 사람 냄새가 물씬 풍긴다는 말이지요. 스승과 제자의 인간적 교감이 사라져 버린 오늘날이어서 더 그런지 모르겠습니다.

자, 이제 마지막 열 번째를 소개할 차례가 됐군요. 어떤 의미에선 첫 번째보다 마지막 대상을 선택하기가 더 어렵습니다. 내가 준비한 자료들 가운데서는, 나도 좀 뽑아 달라는 첫 문장들의 아우성이 요란합니다. 예컨대 "천도天道는 멈추고 쉼이 없으니 세상일 또한 그와 같다."(『수호지』), "사랑은 기술인가?"(E. 프롬, 『사랑의 기술』), "인간은 정신이다."(키르케고르, 『죽음에 이르는 병』), "본문에 들어가기 전에 나를 소개하고자 한다."(니체, 『안티 크리스트』), "독자여, 여기 이 책은 성실한 마음으로 쎄어진 것이다."(몽테뉴, 『수상록』), "열일곱 살 때 시카고의 애프리드 약국에서 배달부로 일하는 것이 완벽한 직업이었다. 왜냐하면 자살에 필요한 충분한 수면제를 쉽게 훔칠 수 있었기 때문이다."(시드니 셸던, 『또 다른 나』), "다른 벼슬은 구해 얻어도 좋지만 목민관은 안 된다."(정약용, 『목민심서』), "책 노릇을 한다는 건 결코 쉬운 일이 아니다."(조란 지브코비치,

『책 죽이기』), "증오는 마음속에 품고 있는 핵무기이다."(러시 도지어, 『나는 왜 너를 미워하는가?』), "옳게 읽기 위해서는 우선 매우 천천히 읽어야 하며, 그다음으로도 매우 천천히 읽어야 한다."(에밀 파게, 『독서술』) 등등이 그것들인데, 그중에서도 "박제가 되어 버린 천재를 아시오?"(이상, 〈날개〉)라는 항의가 가장 크게 들립니다.

그렇지만 내가 선택한 열 번째는 "울고 있는 아이는 우리를 슬프게 한다."(안톤 슈낙, 『우리를 슬프게 하는 것들』)입니다.

왜냐고요? 아주 유명하고 더구나 뛰어난 수필이기도 하지만, 50년 전 나의 고등학교 때 문학소년의 감성의 눈을 더 크게 열어 준 첫 문장이기 때문입니다. 그로부터 첫 문장에 대한 관심이 시작되었지요. 역시 문학은 운명적인 만남인 것 같습니다(문장에 대한 해설은 지면 관계로 생략하겠습니다).

이상으로 '명 첫 문장 10선'은 마감하겠습니다마는, 빼어난 첫 문장이 어찌 이뿐이겠습니까. 혹시 당신이 알고 있는 좋은 예가 있으면 꼭 알려 주시기 바랍니다.

가을도 이제 마지막 문장을 다듬고 있습니다. 그게 얼마나 어려운지 파지破紙만 낙엽으로 떨궈 내고 있습니다. 아무리 파지라 해도 사람의 책보다는 훨씬 낫지 않을까요?

그럼, 또….

2008. 10. 22

늙은 시인으로부터의 편지 · 10

나의 문학 십훈 十訓

어느덧 열 번째 편지를 씁니다. 봄에 시작한 편지가 겨울에 이르렀습니다. 그런데도 아직 하지 못한 이야기들이 많이 남아 있답니다. 이제부터 한 가지 걱정스러운 것은 먼저 한 얘기들이 기억에 다 남아 있지는 않은지라, 반복 언급하는 대목들이 나타나리라는 것입니다.

나이가 좀 들면 치아가 망가져 오물오물 음식물을 반추하듯 똑같은 말을 되씹곤 합니다. 그건 사실 자신의 삶에서 중요하다고 여겨지는 화두에 대한 일종의 강조 화법인 셈이지요.

이는 한 시집의 주제를 특정 시어 사용의 빈도수에 의해 가늠해 볼 수 있는 것과 아주 유사한 일입니다. 동일어의 반복은 감성의 강조이기 때문입니다. 아무 시집에서나 이를 한번 확인해 보시기 바랍니다.

각설하고, 이번에는 제목에 제시한 바와 같이 내가 지금까지 문학 생활을 해오면서 평소 의미를 부여해 온 열 가지 교훈에 대해 써 보려고 합니다. '교훈'이라는 말에서 이미 눈치를 채셨을지도 모르겠지만, 나는 대학에서의 문학 강의시간보다 더 오랫동안을 안양의 문학 동아리들(화요문학, 글길문학, 문향文香)의 '선생님' 노릇을 해오고 있습니다. 30년 넘게 말입니다.

그러니까 '나의 문학 십훈'이란 그 30년 동안 그들에게 해준 이야기의 요체일 터이지만, 사실은 문학 이야기를 하면서 내 자신이 깨우친 바의 내용이라고 해야 할 것입니다. 여러분도 선생님을 해보면 학생들보다 더 많이 배우게 된다는 사실을 실감하게 되실 겁니다.

그러나 '문학 십훈'이라고 해서 바둑의 '위기십결圍碁十訣'과 같은 문학의 진수를 기대하지는 마시기 바랍니다. 문학에 어찌 십계명과 같은 수칙守則이 있겠습니까. 더군다나 앞으로 세월이 좀 더 지나면 '나의 문학 십훈'에도 응분의 변화가 있을 터이니까요. 그럼, 먼저 그 열 가지 깨우친 바를 소개하고, 그에 대한 이야기를 계속해 보기로 하겠습니다.

1. 문학은 입구에서는 재능이 환영하지만, 출구에서는 운명이 이끈다.
2. 문학은 그 본질에 있어 가르치고 배우는 것이 아니다.
3. 문학적 스승보다는 '책'을 더 따를 것.
4. 그래서 많이 읽은 사람이 더 많이 쓰고, 더 많이 쓴 사람이 더 잘 쓴다.
5. 체험은 동반자이고, 상상력은 안내자다.
6. 뛰어난 작품은 훌륭한 삶과 비례하지 않는다.
7. 현실의 문단이 아니라, 자신의 꿈의 문단에 등단해야 한다.
8. 문학가가 되기는 쉽다. 문학인답게 살아가기가, 끝내는 문학인으로서 죽기가 어렵다.
9. 큰 문학은 '천부성+운명'이고, 작은 문학은 '욕망-노력'이다.

10. 문학은 결국 인간과 인생에 대한 '사랑의 꿈'이다.

이 정도의 내용에 '문학 십훈'이라는 말은 너무 엄숙했나 봅니다. 사실 내가 하고 싶은 말은 '문학=글+사람+삶'이라는 것이고, 그에 대한 설명을 열 가지로 해본 것입니다. 그러니까 문학가란 그 인간과 인생에 대한 사랑의 꿈을 작품으로 구현해 내야 할 운명을 타고난 사람이라는 것이지요.

'재능'도 따지고 보면 '운명'의 자산입니다. 그러나 그 재능을 극대화할 수 있는 계기와의 상면 없이 문학은 본격적인 궤도에의 진입이 차단됩니다. 그래서 선생이 중요하고, 가장 이상적인 스승으로서의 '책'이 소중하다는 것입니다.

재능과 운명의 첫 단계에서 '누구'를 만나는가는 아주 결정적입니다. 그 누구는 학창 시절의 국어 교사일 수도 있고, 문학 동아리 지도 선생일 수도 있으며, 그들이 소개해 준 유명 문인일 수도 있고, 더 중요하게는 서점에서 우연히 뽑아 든 책의 주인공일 수도 있습니다. 문제는 자신의 문학혼의 등대와 같은 존재가 누구였냐는 것입니다. 나의 경우, 그것은 학창 시절의 소월과 랭보였습니다. 어디 그게 나뿐이겠습니까. '책'이 아니었다면, 나는 소월과 랭보와의 운명적인 만남이 이뤄지기 어려웠을 것입니다.

이런 점에서 '영향'이라는 문제가 중요하게 논의되기도 합니다. 한 번도 만나 보지 못한, 아니 영원히 만나 볼 수 없는 문학적 스승의 영향력, 호머·셰익스피어·보들레르·괴테·랭보·톨스토이·도스토예프스키·카프카 그리고 소월과 이상은 얼마나 많은 문하생들을 거느리고 있는 것입니까. 감히 말하거니와 살아 있는 문인보다는 세상을 떠난 문인들을 스승으로 삼으십시오. 영향이란 개성의 교감이 이뤄지지 않으면 일시적인 위안에 그칠 것이라는 점도 부기해 둡니다.

나는 문학 강의를 할 때, '반드시' 책을 들고 갑니다. 그것은 나보다 더 훌륭한 선생을 소개하기 위해서지요. 30년 넘는 문학 선생 생활에서 스스로 깨달은 것은, 문학 선생은 개성의 발견자이어야지 문장의 교정자나 특히 문단의 중매인이 되어서는 안 되겠다는 것입니다.

인생이나 문학이나 그 본질을 깨우치지 못하면 끝내 아웃사이더로서 자위의 늪에 빠져들게 됩니다. 작금의 한국문학은 그 아웃사이더들의 범람으로 주변문학의 전성시대라는 게 나의 생각입니다.

기왕에 말이 나온 김에 용기를 내어 덧붙이자면, 나는 '제자'라는 말을 '절대' 쓰지 않으며, '스승'이라는 말을 들으면 웬만큼 계면쩍은 게 아닙니다. 결벽증이 심한 게 아니냐고요? 아닙니다. 나는 나의 '학생들'이 나보다 더 인생과 문학의 본질을 살았던 어떤 '책'의 저자를 스승으로 하고, 그의 제자가 되는 것을 진심으로 바라기 때문입니다. 그래서 문학은 가르치고 배울 수 없는 운명적인 책을 통해 스스로 개간한 문학혼의 지주가 되어야 한다는 것입니다. 그게 '본격문학'입니다.

지금까지 문학 생활을 해오면서 가장 어려웠던 일의 하나는 '나'를 지켜 나가는 것이었습니다. 나를 지킨다 함은 문학적으로는 나만의 시세계를 구축하는 일일 터이지만, 현실적으로는 정치와 돈으로부터 멀리 떨어져 인간적 순수성과 시인정신의 건재를 유지하는 일을 말합니다. 특히 그것이 문단과 연계될 때 더욱 그러했습니다.

단적으로 말해서, 등단·작품 발표·작품집 발간·문학상 수상 등의 일련의 문학 행위는 각자의 문학적 소망의 현실화 과정임은 분명하되, 그것이 앞에서 말한 운명애적인 문학, 본격문학으로서의 함량과 어긋날 때는 한낱 '허상'에 지나지 않을 것입니다.

'등단'의 경우만 놓고 볼 때 과거의 추천제는 물론 사적인 선호도야 작용했겠지만 그래도 '작품' 위주였습니다. 그것도 여러 차례에 걸쳐 시험에 들게 했지요. 그래서 뛰어난 시인·작가들이 다수 등장한 것입니다.

그런데 오늘날은 어떻게 됐습니까. 너무 만연된 일이라서 적시하기도 식상한 일이지만, 한마디로 '작품'이 아니라 '돈'으로 하는 실정입니다. 악화가 양화를 구축한다는 금언을 넘어선 지경이지요.

내가 지탄의 표적으로 삼고자 하는 것은 이러한 병폐를 선도하는 것이 바로 선배 문학인이라는 사실입니다. 뛰어난 작품을 써낸 문학 가치고 이에 관계된 사람은 전무하고, 그 역逆 또한 진실입니다.

만일 여러분 가운데서 이와 관련되는 분이 계시다면 단연코 결심을 새롭게 하시기 바랍니다. 자신의 꿈이 문예지의 지면이거나 문학가 호칭의 획득이라면 모든 것은 '등단' 자체로 끝납니다. 문학은 등단 이후의 전생의 업보입니다. 아니 등단 여부와는 전혀 관계가 없는 문학사랑·문학정신·문학혼의 발양의 문제입니다. 나는 아직도 그러한 나의 꿈의 문단에 등단하지 못했음을 고백하고자 합니다. 그러합니다. 진정한 문학가의 일생은 재등단의 연속이어야 할 것입니다. 랭보가 중학생 때, 꿈속에서 "너는 시인이다!"라는 아폴론 신의 계시를 받고 시인의 운명의 길을 떠난 것처럼, 등단이야말로 운명적이어야 할 것입니다.

이야기가 너무 현실적인 거부감만을 증폭시킨 듯합니다. 문학과 문학인의 순수성을 강조한 말로 들어 주시기 바랍니다.

파울로 코엘료는 작가가 되기를 열망하던 문학소년 시절에 작가의 특성을 조사한 결과, 여덟 가지 특이점을 발견했는데, 그 첫째가 "작가는 항상 안경을 걸치고, 절대 머리를 빗는 법이 없다."는 것이었습니다(그다음은 그의 수상집인 『흐르는 강물처럼』을 참고해 주시기 바랍니다).

정말 그렇습니다. 나 역시 시인 지망생이던 문학소년 시절에 유명 시인들은 모두 알코올중독자이거나 폐병 환자에, 혼외 정사로 가정 파탄을 일으키는 주인공들이었습니다.

그런데도 그토록 감동을 주는 명시들을 써냈습니다.

문학과 생활, 꿈과 현실의 부조화, 바로 그 갈등의 고뇌가 문학적 열정의 산실이었음을 나이가 들어가면서 실감하게 되었습니다. 소설가 미셸 투르니에의 "시인들은 평을 받기 위해서 태어난 사람들이 아니다. 그들은 인용되어야만 한다."는 말이 새삼 떠오릅니다.

고뇌의 결정체로서의 시인들의 작품, 특히 그들의 삶은 우리들의 시적 갈등과 문학혼의 비상을 위해 '인용' 되어야 합니다. 인용이란 문학정신의 르네상스를 말합니다. 감동을 주지 않은 시인은 인용되지 않습니다. 어떤 측면에서는 작품보다 비극적인 삶의 내용이 더 감동적인 때도 있습니다. 나는 그러한 감동의 세례를 받으며 문학의 본질을 깨우치려고 노력해 왔습니다. 그리고 나만의 영혼의 방을 만들려고 무던히 애를 썼습니다. '한국문단' 이라는 무도장에서 다른 문학인들과 스텝이 맞지 않는 것은 나만의 영혼의 음악에 발을 맞추고 있기 때문입니다.

개인적인 얘기가 지나치게 길어졌나 싶습니다. 이제 긴 겨울밤을 맞게 됩니다. 시와 사랑에 대한 긴 편지를 쓰기에 아주 좋은 때입니다.

그럼, 또….

2008. 11. 24

늙은 시인으로부터의 편지 · 11

시인을 위한 '아포리즘' 100선

2009 기축己丑 신년이 밝았습니다.

새해를 맞이했지만, 지난날 으레 앞에 내세웠던 '대망大望의 신년'이라는 말은 자취를 감췄습니다. 대망은커녕 소망小望도 볼 수 없는 무망無望의 안개가 전 세계를 휘덮고 있습니다.

하기야 시인에게 무슨 새것, 헌것이 따로 있겠습니까. 나날이 새 날이고, 하루가 영원이요, 어둠이 가장 친숙한 이웃이니 무망 그 자체도 상상의 비상을 위한 영혼의 무도장으로 삼을 수 있을 것입니다.

그렇습니다. 고독의 명가名家의 후손으로서 우리 시인은 '시심詩心' 하나만으로도 거뜬히 무산無産의 재벌인 것이지요.

그래서 이번 편지에는 그 상상의 비상과 영혼의 무도를 위한 공간을 넓히기 위해 평소 메모해 둔 시와 시인에 관한 '아포리즘' 가운데서 '100선'을 여기 옮겨 보기로 하겠습니다.

나의 문학적 취향에 있어 잠언적 문체의 '아포리즘'은 선호 대상 제1호입니다. 문청 시절부터 지금까지도 라로슈푸코·니체·루 살로메·시오랑 등의 아포리즘에는 감탄을 금할 수 없습니다. 언어의 응축이 시의 본질인 점에서 최소한의 언어로 최대한의 문학성을 얻어 내야 하는 시인을 우리는 '언어 경제가'라고 불러도 될 성싶습니다. 때문에 나는 시를 '영혼의 아포리즘'이라고 즐겨 부르지요.

그럼 이제부터 '시인을 위한 아포리즘 100선'을 소개해 볼까 합니다.

1. 한 시인의 일생은 압축된 시의 역사다. 그는 자신의 시가 노래하는 시대를 살게 마련이다.
2. 뮤즈로부터 선물을 적게 받고서도 많이 받은 양 착각·위장하는 것은 시에 대한 비례非禮이다. 그 착각은 허영심의 소산, 그 위장은 사이비의 능사能事인 것이다.
3. 대부분의 시인들의 불행은 시인이 되기만을 열망했지, 시인으로서의 삶을 이뤄 내지 못한 데 있다.
4. 인생에서 무엇인가 새로운 의미를 발견해 내고, 그것을 자신만의 목소리로 노래했을 때, 그때에 비로소 그는 시인이 되는 것이다.
5. 노벨문학상을 꿈꾸는 시인보다 월평에 이름이 오르기를 바라는 시인이 더 많다.
6. 가장 위대한 것은 두 가지이다. '자연'과 뛰어난 '작품'.
하나는 사람의 손이 닿지 않아서, 하나는 사람의 혼이 깃들어서.
7. 근래에 올수록 젊은 시인들은 호머나 사포, 단테와 밀턴, 보들레르와 랭보, 소월과 이상, 발레리와 엘리어트를 말하지 않는다. 그리고는 모두 자기 얘기만 한다.
8. 누군가는 언어를, 누군가는 사물을, 누군가는 무의미를, 구조를, 실

험을 말한다. 그러나 나는 말한다. '영혼'을.
9. 그래서 나의 시의 스텝은 당신들과 맞지 않는다. 나는 나의 영혼의 음악에 귀를 기울이니까.
10. 시의 반대는 산문이 아니라 잘못 쓰여진 시이다.
11. 젊은 시인들이여, 가을의 노래를 너무 일찍 부르지 말라.
12. 시는 가르치고 배우는 게 아니다.
    시인은 '제도'나 '방법'이 아니라 '운명'이 탄생시키는 것이다.
13. 시인은 언제나 1인의 민중이어야 한다. 환언하면 인류의 대변자.
14. 시인은 정서장애자이다. 병이 깊을수록 위대해지나니.
15. 문단에 기웃거리는 사람치고 큰 시인 못 되고, 큰 시인치고 문단 운운하지 않는다.
16. 사랑에, 가정에, 사업에 성공하고서도 시인이 되다니!
    틀림없이 삼류 시인일 걸.
17. 요즘은 시를 너무 못살게 군다. 분석이네, 실험이네, 해체네, 포스트네. "시 좀 살려 주세요!"
18. 어떻게 쓰느냐에 등급이 나뉘고, 무엇을 쓰느냐에 성향이 갈리며, 누구를 대상으로 삼느냐에 위상이 달라진다.
19. 전쟁터에서 시를 읽다 죽은 병사여, 오, 가장 아름다운 독자여.
    전쟁터에서 시를 쓰다 죽은 병사여, 아, 그대는 전사한 것이 아니라 시를 위해 순직한 것이로다.
20. 그리스 시대의 시인들은 신을 모독한 죄로 추방을 당했다. 그런데 그 신이라는 것이 사실은 시인들이 만든 것이다.
21. 나는 느낀다. 고로 나는 시인이다.
22. 뛰어난 시인일수록 개성적이지 않다. 다만 보편타당한 인간 정서를 탁월하게 승화시킬 뿐.

23. 시인이 평생 잘 돌봐야 할 것은 외로움이다.
24. 다른 사람들을 감동시키면 당신은 좋은 시인이다. 다른 시인을 감동시키면 당신은 뛰어난 시인이다. 후세 사람들을 감동시키면 당신은 위대한 시인이다.
25. 최초에는 음유시인이 있었다. 시낭송회는 그 선조들을 위한 추모제인 것이다.
26. 이상은 뛰어넘기 쉬워도, 소월은 그게 쉽지 않다. 실험과 본질의 차이.
27. 인생을 가장 깊이, 가장 오래, 가장 다양하게 살 수 있는 유일한 방법은? ─책을 가장 많이 읽는 것.
28. 모든 훌륭한 시들은 저마다의 장점이 있지만, 모든 나쁜 시들의 단점은 대동소이하다.
29. 시인은 언어의 천문학자다. 자신의 감성의 하늘, 그 영혼의 소우주에서 자신만의 별을 찾아 자신만의 언어로 명명해야 한다.
30. 인간의 가슴에서 사랑의 불길이 꺼지지 않는 한, 시는 절대로 사라지지 않는다.
31. 영혼의 칼로리를 제공하지 못하는 시는 좋은 시가 아니다.
32. 외국어를 자국어로 옮기는 것은 본질적인 의미에서 번역이 아니다. 진정한 번역은 감정의 문자화이다. 시인은 그래서 감성의 아름다운 번역가인 것이다.
33. 읽기는 연애, 쓰기는 결혼 생활.
34. 나는 내 자신이 위대한 시인은 아닐지라도 그들의 영혼의 위대성은 충분히 이해한다.
35. 시인에는 결국 두 종류가 있다.
    하나는 시를 쓰는 시인. 또 하나는 시를 사는(生) 시인.

첫번째 부류에 천재는 드물다.

36. 시는 다 말하지는 않되 더 많이 말하는 것.

37. 당신은 하느님 편으로 가십시오. 나는 사람 편으로 가겠습니다.

38. 다른 사람의 시는 시가 아니라고 말하는 사람의 시는 다른 사람에게도 시가 아니다.

39. 나무에 대한 시 한 편을 쓰기 위해서는 마음속에 수천 그루의 나무를 키워 봐야 한다.

40. 가을이다. 감사해야 할 것이 너무나 많구나. 우선 살아 있음부터 감사하자.

41. 해설을 해야만 좋은 시로 보이는 것은 이유를 먼저 대고 사랑하는 것과 같다.

42. 참고문헌이 없던 최초의 시인들에겐 가장 완벽한 교본이 있었다. —자연.

43. 모든 빛을 모아도 태양을 만들지 못하듯 모든 시를 합쳐도 시의 본질에는 이르지 못한다.

44. 인간 선조들은 엄청난 시심을 지녔었다. 시인은 그걸 다 충족시킬 수 없어 가공의 신을 만들고 그에게 위탁하기 위해 신화를 지어 낸 것이다. 문학과 종교는 이복형제이다.

45. 시에 대한 정의는 그 시대를 주도하는 감성의 패턴이다. 따라서 어느 시대에나 상응되는 감성의 소유자가 가장 이상적인 시인인 것이다. 예컨대 셰익스피어.

46. 문자가 없었던 원시 시대의 인간 조상들이 시의 본질에는 더 가까웠다.

47. 순수한 예술혼일수록 광기에 빠지게 마련이다.

48. 시인에게 '죽느냐, 사느냐'는 문제가 아니다. 얼마나 많은 사람의

가슴에 묻히느냐가 중요하다.

49. 읽은 책의 내용이 모두 머릿속에 남아 있기를 바라는 것은, 먹은 밥들이 그대로 위 속에 남아 있기를 바라는 것과 다를 바 없다.

50. 죽음에 대한 시는 가 보지 못한 곳에 대한 기행문.

51. 나의 시가 누군가의 영혼에 위안이 된다는 것. 그런 희망 없이 어찌 시를 쓰랴.

52. 시가 삶을 지탱해 주지 못할 때는 더 순수한 인간이 되도록 노력할 것.

53. 병이 시적으로 보일 때는 건강할 때이다.

54. 시인이 아름답게 살고자 할 때, 가장 먼저 엉망이 되는 것은 자기 가정이다.

55. 시인들이여, 인생의 부적응자들이여, 길을 잃거든 신화로 가라.
    더 중요한 것은 그대의 삶이 하나의 신화가 되는 일이다.

56. 나보다 더 좋은 책이 어디 있느냐고 가을은 모든 책을 덮으라고 한다.

57. 처음 만난 사람들이 명함을 교환하고 인사를 나누고 있다. 그때 누군가 말했다. "아, 저는 명함이 없습니다." 그는 틀림없이 시인이다.

58. 어디로 갈까를 아는 자는 진정한 나그네가 아니다. 인생도 그러하거늘, 영혼의 나그네인 시인에게 있어서랴.

59. 인간에게 날개가 주어졌더라면, 그는 나는 대신 언어를 상실했을 것이다. 언어는 그 날개에서 빠져나온 상상의 깃털이다.

60. 때린 자들이 영웅을 만들고, 맞은 자들이 종교를 만들며, 문학이 이를 쓴다.

61. 그리움이 외로움에게 같이 놀자고 한다. 외로움이 고개를 저으며 말한다. "아냐, 나는 혼자 있어야 외로움이야."

62. 종교는 학문 위에 있고, 시는 학문 밖에 있다.

63. 나이가 들수록 시를 쓰는 일보다 자신의 시의 세계를 살아가도록 해야 한다.

64. 시는 종이 위에가 아니라, 만인의 가슴속에 각인되어야 한다.

65. 호머는 그냥 노래했다. 셰익스피어도 그냥 썼다. 요즘 시인들은 이론부터 내건다. 그러니 위대한 시인이 드물 수밖에.

66. 진정으로 아파 본 사람은 절대로 "울지 마!"라고 하지 않는다. 그대로 울게 내버려 둔다. "그냥 써!"

67. 주머니가 텅 빈 사람은 초라하다. 영혼이 빈 사람은 불행하다.

68. 나의 삶이 그대로 시라면 어찌 언어가 필요하랴.

69. 나의 시는 모두 뮤즈에게 보내는 러브레터이다. 그러나 번번이 반송되는구나. 뮤즈여, 주소 좀 정확히 일러 다오.

70. 다른 시인들과 다른 노래를 부르려면 우선 다른 세상에 살아야 한다.

71. 옛날엔 뛰어난 시인이라면 장원급제하여 암행어사가 되었는데, 근래에는 감옥이 아니면 정신병원으로 간다.

72. 자연의 소리를 알아듣지 못하면 영혼의 귀가 막힌 것.

73. 시인의 말은 눈물이거나 칼이어야 한다.

74. 새로운 비평이 매도하는 작품일수록 예술의 본질에 더 가까운 작품인 경우가 많다.

75. 백조白鳥들의 항변. "우린 먹고 살기 위해 퍼덕이는 것인데 저 인간이라는 것들 우리 흉내를 내고 예술이라니."

76. 한국시단은 마치 무슨 단체 경기를 하는 것 같다. 누구나 어느 한 팀의 소속 선수가 되어 출전을 위한 단합대회를 거듭한다. 고독한 시인정신은 절대로 패거리를 짓지 않는다.

77. 나의 이름 석 자가 내 시의 주석註釋이 되도록!

78. 연애편지를 쓰는 소년, 소녀들이 사라졌다.

　　아, 아름다운 시인은 탄생되지 않으리라.

79. 시는 끝내 노래에 이르러야 한다. 영혼의 노래에.

80. 나는 말한다. 독자는 최후의 저자요, 저자는 최초의 독자라고. 책은 결국 독자가 완성시키는 것이다.

81. 시인의 유일한 질문은 "시란 무엇인가?"가 아니라, "나는 진실로 시인인가?"여야 한다.

82. 시를 쓸 때만 시인인 사람은 결코 시인으로 죽지 못한다.

83. 원고청탁서를 기다리지 말고 평생 뮤즈를 잘 영접하라.

84. 병실의 시는 생명의 찬가이기 마련이다.

85. 뛰어난 작품은 훌륭한 삶과 절대로 비례하지 않는다.

86. 누군가의 영향을 잘 수용해 낸 사람이 누군가에게 영향을 더 잘 끼칠 수 있다.

87. 한국문학에서 어처구니없는 일의 으뜸은 생존 문인의 '전집'이 출간된다는 것이다.

88. 시인이 되려면 일찍 죽어야 한다.

　　영원히 살려면 시인이 되어야 한다.

89. 천재와 동시대인은 무명인이 될 것을 감수해야 한다.

90. 생활의 SOS는 시의 안테나에 잡히지 않고, 시의 SOS는 생활의 스크린에 나타나지 않는다.

91. 시드니는 말했다. 시인은 사물에게 말을 거는 사람이라고.

　　나는 말한다. 진정한 시인에게는 사물이 말을 걸어 온다고.

92. 나도 때로는 신에게 하소연을 하고 싶다. 그럴 때는 하느님이 '아버지'가 아니었으면 좋겠다.

"하느님 어머님!" 하고 불러야 "오냐, 왜 그러느냐?" 하는 대답이 금방 들려올 것 같다. 하느님 어머님, 제 목소리가 들려요?

시는 결국 영혼의 모성에의 고해告解다.

93. 샤머니즘이 그대로 지속되었더라면 공해와 오염은 줄어들고, 시는 더욱 풍요해졌으리라.

94. 시(예술)는 변화·발전한 것이 아니라 변질된 것이다.

95. 그 열정, 그 순수성에서 무작정 시를 쓰던 때보다 더 나아진 시인이란 없다.

96. 가장 솔직하고 가장 음흉한 대답은 나 자신을 위해 쓴다는 말이다.

97. 사랑을 하면 모두 시인이 된다고 한다. 그러나 두 연인이 만들어내는 것은 시가 아니라 아기이다.

하기야 아기만큼 아름다운 시가 이 세상에 또 있으랴.

98. 지상의 모든 사물의 소유권은 그것을 꿈꾸는 자에게 귀속시킬 것.

99. 그 많고 많은 시의 정의에 나도 한마디 첨가하겠다.

시는 영혼의 자장가이다.

100. (   )

마지막 백 번째를 괄호로 남긴 것은 당신의 아포리즘으로 완성시켜 달라는 뜻에서입니다. 나의 경우 그것은 "나는 아직 나의 문단에 등단하지 못했다."는 것입니다. 여러분들의 한마디가 궁금해지는군요.

그럼, 또….

2008. 12. 25

'시인'에 대한 단상

지난번 편지에 '시인을 위한 아포리즘'을 정리하면서 '시인'에 대한 상념이 뇌리에서 떠나지 않았습니다.

그래서 이번에는 시인에 대해서 잠시 생각해 볼까 합니다. 그러나 본격적인 시인론이 아님을 먼저 밝혀 두겠습니다. 사실 시와 시인에 대한 이야기는 '사랑'이 그런 것처럼 시작하기는 쉬워도 끝을 맺기는 참 어렵습니다. 결론을 낼 수 없기 때문입니다. 그 누가 감히 '이것!'이라고 단정할 수 있겠습니까. 그저 '나는 이렇게 생각한다.'는 것일 뿐이지요.

'단상'이라는 말은 그래서 붙인 것입니다.

소설가 미셸 투르니에는 "시인들은 평을 받기 위해서 태어난 사람들이 아니다. 그들은 인용되어야만 한다."고 했습니다. 소설가의 충고대로 이번 편지에는 인용이 주를 이룰 것입니다.

먼저 시인의 다양한 면모를 모자이크하기 위해 시인에 대한 정의들을 인용해 보겠습니다.

- 시인들은 자신도 이해하지 못하는 위대하고 현명한 것들을 지껄인다.(플라톤)
- 자기가 가장 훌륭하다고 생각하지 않는 시인을 나는 아직 본 적이 없다.(키케로)
- 요즘 시인들은 잉크에 물을 너무 많이 탄다.(괴테)
- 시인의 최악의 비극은 잘못 이해된 탓으로 칭찬받는 것이다.(콕토)
- 위대한 시인은 자신에 대해 쓰면서 자기 시대를 그린다.(엘리어트)
- 동시에 심오한 철학자가 아니면서 위대한 시인이었던 사람은 아직까지 아무도 없다.(코울리지)
- 시인은 영혼의 화가이다.(디즈레일리)
- 시인이란 불가시물不可視物의 설교자이다.(스티븐슨)
- 시인에는 두 종류가 있다.
  즉 교육과 실천으로 된 시인들, 우리는 이들을 존경한다.
  그리고 천성적인 시인들, 우리는 이들을 사랑한다.(에머슨)
- 시인은 인정받지 못한 세계의 입법자이다.(셸리)
- 시인은 나라의 넋이다.(그린)
- 시인이란 무엇인가. 그 마음은 남 모르는 고뇌에 괴로움을 당하면서도, 그 탄식과 비명이 아름다운 음악으로 바뀌게끔 된 입술을 가진 불행한 인간이다.(키르케고르)
- 극빈자를 다루는 것은 통계학자와 시인뿐이다.(포스터)
- 미숙한 시인은 모방하고, 능숙한 시인은 훔친다.(엘리어트)
- 미치광이, 연인들, 시인은 상상력으로 가득 차 있다.(셰익스피어)

- 세상에서 가장 뛰어난 시의 9할은 30세 미만의 시인들이, 그 가운데 절반 이상은 25세 미만의 시인들이 썼다.(멘켄)
- 술을 마시지 않는 시인들의 시는 사람들을 오랫동안 즐겁게 하지 못하고 후세에 남지도 못한다.(호라티우스)
- 시인은 태어나는 것이고, 웅변가는 노력으로 되는 것이다.(키케로)
- 정신이 약간 이상하지 않으면 아무도 시인이 되거나 심지어 시를 이해하지도 못할 것이다.(매클리)
- 시인이 되려고 하는 사람이 먼저 할 일은 자기 자신에 대한 완전한 인식이다.(랭보)

시인에 대한 정의를 수집·예거하자면 지면이 모자랄 것입니다. 시대, 개인, 사조, 기능 등에 따라 시인은 천의 얼굴로 그려집니다. 따라서 시인은 '어둠 속에서 홀로 울고 있는 나이팅게일'(워즈워스)도 되고, '예언자'(칼라일), '문명 사회의 반야만인'(피콕크), '가장 감수성이 예민한 안테나'(리드), '시대의 경고자'(오웬), '사회적으로 공인받은 공상가'(프로이트)도 될 수 있는 것입니다.

그러나 일반적으로 '시인'이라고 하면 두 가지 측면이 부각됩니다. 그 하나는 시를 쓰는 사람이라는 기능적 신분이고, 또 하나는 다른 직종의 사람보다 차별화된 심성의 소유자라는 것입니다. 그 차별화된 심성을 주도하는 것은 낭만성과 순수성입니다. 그래서 시인은 꿈과 사랑의 화신으로 기림을 받습니다. 또한 그래서 실제로는 불행한 삶을 살았어도 아름다운 인생으로 예찬되지요.

그런데 시인에게는 또 다른 차별성이 하나 있습니다. 기질, 곧 시인정신 말입니다. 자존심이라 해도 무관할 것입니다. 다시 예를 들어 설명해 보겠습니다.

1987년도에 노벨문학상을 수상한 러시아의 이오시프 브로드스키라는 시인은 1964년 2월에 '무위도식'이라는 적명으로 체포되어 재판을 받게 됩니다. 다음은 그 재판 기록의 일부입니다.

재판관 당신의 직업은?
브로드스키 시를 쓰고 있습니다. 시 번역도 하고 있습니다. 내 생각으로는….
재판관 당신의 생각 따위를 묻고 있는 것이 아닙니다. 똑바로 서시오! 벽에 기대지 말고! 똑바로 앞을 보고 제대로 대답하시오! 정직定職은 있습니까?
브로드스키 그것이 정직이라고 생각합니다만.
재판관 정확하게 대답하시오.
브로드스키 나는 시를 써왔습니다. 그 시가 출판될 거라고 생각하고 있습니다. 내 생각으로는….
재판관 당신이 어떻게 생각하든, 우리는 그런 것에 관심이 없습니다. 당신의 전문은?
브로드스키 시인입니다. 번역가 시인입니다.
재판관 누가 당신을 시인이라고 했습니까? 누가 당신을 시인이라고 인정했습니까?
브로드스키 아무도. 그러면 누가 나를 인간이라고 인정했을까요?
재판관 그러면 당신은 전문적인 공부를 했습니까?
브로드스키 무슨 공부를?
재판관 시인이 되기 위한 공부 말입니다. 당신은 시인이 되기 위한 교육을 받으려고 했습니까?
브로드스키 교육을 받아야 시인이 될 수 있다는 생각을 해본 적이 없습니다….
재판관   그러면 어떻게 하면 될 수 있습니까?
브로드스키   내 생각에 그것은 신이 부여하시는 것입니다.
재판관   요컨대 당신은 당신이 쓰는 소위 시라고 하는 것이 사람들에게 이익을 가져다준다고 생각하고 있군요?
브로드스키   어째서 시에 대해 '소위'라는 표현을 쓰는 건가요?
재판관   우리가 그걸 '소위'라고 하는 것은 당신의 시에 관해서 우리에게는 달리 말할 방법이 없기 때문입니다.

위의 재판 기록을 읽고 어떤 느낌을 받으셨는지요? 가슴이 '찡' 하지 않나요? 시인임을 당당하게 주장하는 모습이 정말 감동적입니다. 여차하면 목숨이 위태로울 상황에서도 말입니다. 직업, 교육, 인간, 신의 문제는 '시인'이라는 대전제 앞에서 논외로 삼게 됩니다. 오로지 시인정신일 뿐입니다. 자긍심이지요. 위대한 시인이란 바로 그 자긍심의 함량입니다.

이런 글을 읽고 나면 왜소해지는 나 자신을 발견합니다. 그리고는 시인정신의 재무장을 촉구하게 됩니다(위의 재판 기록에 대해서는 기와모토 고시와 고바야시 야스오의 공저, 윤상인 옮김, 『문학, 어떻게 읽을까』, 민음사, 312~315쪽을 참고해 주십시오).

이와 관련하여 다음의 예시를 감상해 보는 것도 무익하지는 않을 것입니다.

금강산에 시인대회 하러 가는 날, 고성 북측 입국 심사대의 귀때기가 새파란 젊은 군관 동무가 서정춘 형을 세워 놓고 물었다. "시인 말고 직업이 뭐요?" "놀고 있습니다." "여보시오. 놀고 있다니 말이 됩네까? 목수도 하고 노동도 하면서 시를 써야지…." 키 작은 서정춘 형이 심사대 밑에서 바지를 몇 번 추슬러 올리다가 슬그머니 그만두는 것을 바다가 옆에서 지켜 보았다.

—이시영, 〈시인이라는 직업〉 전문

시대나 국가나 상황은 아주 다르지만 분위기는 유사하지 않습니까. 그래서 브로드스키와 서정춘 형의 모습이 거듭 오버랩 됩니다. 브로드스키는 가슴을 찡하게 했는데 서정춘 형, 아니 이시영 시인은 서정춘 형을 통하여 가슴을 답답하게 합니다. 나는 여기서 시인정신의 발현 여부를 논하는 게 아닙니다. 그것은 "심사대 밑에서 바지를 몇 번 추슬러 올리다가 슬그머니 그만두는" 행동에서 자긍심의 표출이 무의미하다는 자제력으로 전환됨을 알기 때문입니다. 그래서 답답함은 남북 관계의 민족적 서글픔의 소치이고, 그 비극적인 역사의 현실 앞에서 일개 시인이 느꼈을 불감당의 하중을 새삼 실감하게 됩니다.

꼭 언급할 필요도 없겠지만 시인의 자존심은 이미 '귀때기'라는 한마디에서 '상대 불가'로 치부된 것이지요. 이런 맥락에서는 "바지를 몇 번 추슬러 올리다가"를 "바지 주머니가 몇 번 불쑥하다가"로 하면 너무 직설적인 '주먹질'의 은폐가 될까요? 브로드스키는 '신'을 거론했지만, 이시영은 그 자리에 '바다'를 대입해 타인들이 눈치 채지 못함의 은폐성을 의인화시켰습니다. 생각해 보면 자연 또한 신의 대리인이기도 하지요.

작금의 한국문단의 특수성을 감안할 때, 또 다른 시인정신을 거론하게 됩니다. 사실 이에 대해서는 이야기를 하는 것 자체가 이미 식상한 일이지만, 문단의 정치·권력화, 문예지들의 상업주의, 신인 등용의 저질화, 각종 문학회들의 영주화領主化 등은 시인정신에 정면으로 배치되는 현상들입니다.

　이런 점들이 영 마음에 들지 않아 나는 일찍이 언필칭 '중앙문단'이라는 서울은 기피하며 살아왔습니다. 그러나 그것이 능사는 아니지요. 좋은 시인들과의 교류가 차단된다는 것, 바람직한 시단 조성에 기여하지 못했다는 것, 그리고 그것이 궁극적으로는 내 자신의 시인으로서의 삶에 칸막이로 작용했다는 사실을 아쉽게 생각하기도 합니다. 그것이 바로 나의 시인됨의 한계입니다.

　그래서 여기 이상적인 시인됨의 예화를 한 가지 더 소개하고자 합니다. 당신도 감동을 받으리라고 생각합니다.

　오래전 칠레의 로타 지방에서 있었던 일이다. 약 1만여 명의 광부가 참석한 집회가 열렸다. 전통적으로 빈곤 때문에 소요가 끊이지 않던 이 탄광 지대의 광부들이 광장을 가득 메웠다. 정치인들의 연설이 지루하게 계속되었다. 석탄 냄새와 바람 냄새가 후텁지근한 정오의 대기 속에 떠돌고 있었다. 지척에 있는 바다 밑으로 10킬로미터가 넘는 어두컴컴한 갱도가 뻗어 있었다. 이 갱도에서 석탄을 채굴하는 광부들이 광장에 모인 것이다.

　광부들은 한낮의 뙤약볕 밑에서 연설을 듣고 있었다. 아주 높은 연단에서 바라보니 광부들의 검은 모자와 헬멧밖에 보이지 않았다. 내가 마지막 연사였다. 내 이름과 시 〈스탈린그라드에 바치는 새로운 찬가〉를 소개하자 예상치 못한 일이 일어났다. 내 평생 잊을 수 없는 의식이었다.

　내 이름과 시의 제목을 듣자마자 그곳에 모인 수많은 사람들이 조용히 모자를 벗었다. 정치인들의 뻔한 연설을 듣고 있던 사람들이 내 시,

아니 시를 낭독하겠다니까 모자를 벗고 얼굴을 드러낸 것이다. 나는 높은 연단 위에서 거대한 물결을 이루고 있는 모자들을 보았다. 잔잔한 바다에서 해일이 일어난 듯 1만여 개의 모자가 일제히 파도를 일으키더니 무언의 존경을 담은 검은색 포말을 일으키며 아래로 사라졌다.
　―파블로 네루다, 박병규 역, 『파블로 네루다 자서전―사랑하고 노래하고 투쟁하다』, 민음사, 380쪽

정말 감동적이지 않습니까? 파도처럼 벗겨지는 광부들의 헬멧! 해일처럼 일어나는 시인에 대한 존경심! 나는 여기서 '네루다'의 유명세보다 칠레 국민들의 시에 대한 사랑을 생각해 봅니다. 위대한 시인을 탄생시키는 것은 시를 사랑하는 국민의 힘이지요. 네루다 자신이 "평생 잊을 수 없는 의식"이라 했지만 그는 모든 시인들에게 하나의 '꿈'을 선사한 것입니다. 가장 이상적인 시인상 말입니다.

우리는 일제와 군부독재에 저항한 시인정신을 오래오래 기릴 것입니다. 시인은 개인적으로는 연약하기 그지없는 존재이지만, 역사적으로는 양심의 증인이요, 시대적으로는 정신의 지주이며, 사회적으로는 순수의 표상이요, 인생에서는 아름다운 가인歌人인 것입니다.

그뿐만이 아닙니다. 1인의 민중, 꿈의 제왕, 만인의 연인, 상상력의 선구자, 영혼의 사제, 언어의 노동자, 인성의 계도자, 정서의 생산자, 새 세계의 창조자로서 시인은 영원히 꺼지지 않는 혼불을 밝히고 있는 것입니다.

컴퓨터가 시인의 펜과 원고지를 차압해 버리고부터 시인의 위상은 점점 퇴락하기 시작했습니다. 시대적 운명일지는 몰라도 이제 그 운명을 바꿀 새로운 시인정신의 발현이 절실히 요구되는 때입니다. 시

대 사조의 변혁을 주도한 것이 시인이었음을 우리 잊지 맙시다.

  그럼, 또….

2009. 1. 23

늙은 시인으로부터의 편지 · 13

내가 좋아하는 시구들

봄에 시작한 편지가 다시 봄을 맞이하게 되었습니다. 이럴 때 딱 맞는 시가 하나 있습니다.

　　세상은 다시 봄
　　세상을 다시 봄

　　　　　　　　　　　　　　　　　　—이숙희, 〈기적〉 전문

조사 '은'과 '을'만으로 시행詩行의 의미가 이렇듯 확연히 달라지는 예도 드물 것입니다.

세상을 다시 보게 되는 봄의 시작인 3월(March)은 '행진'과 동의어인데, 아시다시피 그 어원은 화성의 호칭이기도 한 '마르스(Mars)'라는 로마신화의 군신軍神입니다.

추운 겨울 내내 언 땅 밑에서 모진 생명을 수호해 낸 풀뿌리들이 영차영차 동토凍土를 뚫고 새싹을 밀어 올리는 행군 소리가 들리지 않습니까. 그들의 행진곡은 분명 "겨울이 오면 봄도 머지않으리." (셸리)일 것입니다. 봄은 이렇듯 그냥 기다리는 자가 아니라, 겨울을 참고 이겨 낸 자에게 세상을 다시 보는 특권을 부여해 줍니다.

지금까지 쓴 편지들을 생각해 보노라니 시 이야기를 주로 하면서도 막상 시편들을 소개하는 예화가 없었음을 알게 되었습니다. 그래서 이번에는 내가 좋아하는 시구들에 대해 얘기를 해볼까 합니다. 이에는 다음과 같은 사단事端도 있습니다.

한 시인을 테스트하는 전통적인 방법의 하나는 그의 작품에서 잊어 버릴래야 잊어버릴 수 없는 시행들이 얼마나 많으냐 하는 것이다.(C. D. 루이스)

위의 말은 내게 있어 문학청년 시절부터 좋은 시와 시인을 판별하는 기준의 제1이었습니다. 스티븐 스펜더 같은 시인도 "내가 쓴 시에서 내가 맛본 가장 큰 기쁨은 아마도 내가 쓴 것이지만 막상 알아보지 못한 시 구절을 누군가 인용한 것을 들었을 때이다."라고 했지요.

우리는 시를 읽다가 마음에 드는 구절이 눈에 띄면 패물을 보석함에 넣듯 가슴에 쏙 담아 두게 됩니다. 그럼 이제부터 내 가슴속에 간직된 시의 패물들을 하나씩 꺼내 보여 드릴까 합니다.

완숙의 노래를 다 부를 수 있도록 가을을 한 번 더 주옵소서.(횔덜린)

내가 제일 좋아하는 시 구절입니다. 이 시구를 접하게 된 것은 슈

테판 츠바이크의 『천재와 광기』(원당희·이기식·장영은 공역, 예하)라는 9인의 시인·소설가들의 평전에서였습니다. 그런데 시 제목은 나타나 있지 않았습니다.

천부적 시인으로부터 광인으로 마감한 횔덜린은 젊어서부터 신과의 내통을 무수히 시도합니다. "한 번은 신처럼 살았으니/ 더 이상 바랄 것이 없도다.", "아아, 우리들은 자신을 잘 알지 못하는데/ 그것은 우리 내부에 신이 있기 때문이다.", "영감이 죽으면 신들도 그만 죽고 만다.", "숭고함을 기리는 것이 나의 사명이라/ 그래서 신은 내 가슴에/ 언어와 감사를 주셨네." 등등, 횔덜린은 신의 대리인인 양 접신술사의 운명을 불사릅니다.

그 신에게 횔덜린은 "가을을 한 번 더" 달라고 기원합니다. 물론 '시'를 위해서지요. 릴케는 그 유명한 〈가을날〉에서 '과일들이 익도록' 남국의 따뜻한 햇볕을 '이틀만' 더 비춰 달라고 했습니다. 시나 과일의 완숙을 위한 소망은 곧 영혼의 산화를 위한 염원이지요.

나는 종교인은 아니지만 시가 잘 안 될 때나 마음이 외로움의 나락으로 빠져들 때는 이 시구를 되뇌이곤 합니다. 그러면 어디에선가 뮤즈의 목소리가 들려옵니다. "그래, 조금만 더 기다려라."

그러나 가을의 노래를 너무 일찍 부르지 마시기 바랍니다. 젊은 나이의 가을의 시는 더 여물 수도 있겠지만, 인생의 가을이 지나면 곧 겨울을 맞아야 하니까요. 정말 그 가을을 맞이하지 못하고 요절한 시인이 얼마나 많습니까. 그래서 하는 말입니다.

시는 나 같은 바보나 만들지만
나무를 만들 수 있는 건 오직 신뿐.

—조지 킬머, 〈나무〉에서

킬머에 대해서는 〈나무〉라는 작품 외에는 잘 모릅니다. 그러나 그건 중요하지 않지요. 킬머는 첫 구절에서 "나는 나무처럼 사랑스런 시를/ 결코 보지 못하리라 생각하네."라고 노래하지만, 나는 이 시가 나무 시 중의 으뜸이라고 생각합니다. 바로 위의 시구 때문이지요.

횔덜린이 그랬듯, 서양 시인들은 우리와는 달리 '신'이라는 말을 아주 잘 씁니다. 그러나 우리도 자연이 신의 시라는 데에는 어렵지 않게 동의하지요. 그중에서 킬머는 나무가 가장 사랑스런 시라고 한 것입니다. 그러나 한 가지 되새겨 볼 일이 있습니다. 킬머가 이 한 편의 〈나무〉를 쓰기 위해서 수없이 많은 나무를 마음에 심었을 것이라는 점입니다. 그래서 스스로를 '바보'라고 했는지도 모르지요.

나무와 시에 대해 얘기하노라니 "시는 정情을 뿌리로 삼고, 말[言語]을 싹으로 하며 소리를 꽃으로 하고, 뜻을 열매로 삼는다."(백낙천)라는 명언이 다시 떠오릅니다. 시작법까지를 아우른 최상의 정의이지요.

스물세 해 동안 나를 키운 건 8할이 바람이다.
— 서정주, 〈자화상〉에서

한국 시인치고 위 구절을 모르는 사람은 없을 것입니다. 미당 신화의 근원이지요. 23세밖에 되지 않은 시인이 자신을 키운 건 8할이 바람이라고 선포한 것은 보들레르가 "내가 서른 살이라고? 하지만 일분에 삼분을 살았다면 아흔 살이 아니겠는가?"라고 으름장을 놓던 모습을 연상시킵니다. 천재 시인들의 특성이지요.

횔덜린, 보들레르, 미당은 똑같이 시혼의 과잉을 주체할 수 없어 영혼의 방황에 휩싸이게 된 것이지요. 그 '바람', 천재는 모두 바람의 자식들입니다. 그러나 시에 늦바람은 없습니다. 당신의 시에 대한 사랑이 모자라서 시가 바람을 피우지 않도록 유의해 주시기 바랍니다.

> 나는 나의 인생을 커피 스푼으로 측정했다.
> ─엘리어트, 〈J. 알프레드 프루프록의 연가〉에서

엘리어트라면 으레 〈황무지〉를 떠올리고, 〈황무지〉라고 하면 또 으레 그 첫 구절인 "4월은 가장 잔인한 달"을 떠올립니다. 대학 초년생 때 위의 시구를 처음 접하고 의아스러움과 흥미로움을 함께 느낀 기억이 새삼스럽습니다.

의아스러움이란 그래도 노벨문학상을 받은 시인으로서의 시구로는 좀 엉뚱하다는 것이고, 흥미로움이란 그 엉뚱함에서 묘한 매력을 맛보았다는 것이지요. 커피 스푼이 주도한 삶의 따분함과 귀족 취미가 오버랩 됐던 것입니다.

더구나 그의 자작시인 〈엘리어트 씨를 만나면 참 불유쾌하다〉에서 엘리어트는 자기 자신을 "그 성직자 같은 용모/ 그 엄격한 이마/ 그 새침한 입∥ 그리고 대화는/ 까다롭게 국한되어/ '확실히', '아마', '만일', '그러나' 투성이"라고 하며 스스로 따분함과 귀족성을 조장했으니 의아스러움이 더욱 강화될 수밖에 없었지요.

그런데 그게 아니었습니다. 나이가 더해 가면서 이 시구가 나에게 "그럼 너는 무엇으로 네 인생을 측정했느냐?"고 완강히 반문해 오는 것이었습니다. 미당은 "바람!"이라고 확답할 것입니다. 사실은 그래서 나는 "흙"이라 대답하고 '흙의 사상'이라는 연작시를 쓰기 시작한 것입니다. 당신의 대답이 궁금하군요.

산에
산에
피는 꽃은
저만치 혼자서 피어 있네.

─김소월, 〈산유화〉에서

  소월에 대하여 무슨 말을 더 하겠습니까. 이 시구가 마음에서 떠나지 않는 것은 물론 '저만치'라는 한마디 때문입니다. 이미 수없이 예찬된 그 '마음의 거리'에 있는 산유화의 자족적 고절감孤絶感에서 우리는 그 얼마나 자신을 투영한 위안을 받았던가요.
  사랑도 시도, 명예도 돈도, 신도 죽음도 항상 '저만치' 있는 것이 아니겠습니까. 그리고 그 거리를 좁히려고 할수록 '저만치' 물러나 있지요. 그러하니 'Let it be', 그냥 그대로 세월에 맡기는 것이 깨달음의 궁극이 아닐는지요. 그러나 아무나 그런 경지에 들지는 못합니다. 바로 그 점에 인생의 고뇌가 서리게 되는 것입니다. 기왕에 꽃에 대한 얘기가 나온 김에 한 구절 더 예를 들겠습니다.

내가 그의 이름을 불러 주었을 때
그는 나에게로 와서
꽃이 되었다.

─김춘수, 〈꽃〉에서

  역시 널리 애송되는 시입니다. 중요한 것은 누구나 이 시를 읽으면서 '꽃'이 아니라 자신의 삶에서 가장 소중한 존재를 떠올리게 된다는 것입니다. 그런데 소월은 〈초혼〉에서 "산산히 부서진 이름"을 거듭거듭 불렀지만, 그가 찾아와 '꽃'이 되어 주지를 않았습니다. 떠나 버린 사람이기에 눈에 보이는 꽃이 아니라 마음의 꽃으로 남게 된 것이지요. 그리고 그 마음의 꽃에서 수많은 시의 꽃들이 피어났지요.

나는 위의 시구를 읊조릴 때면, 어린 시절 저녁 어스름이 깔릴 때 어머니가 문 밖에 나와 내 이름을 부르며 밥을 먹으라고 소리치던 모습이 눈에 선합니다. 자식의 이름을 부르면 자식들은 어머니에게 와서 꽃이 되고, 그대의 이름을 부르면 그대가 와서 사랑의 꽃이 됩니다. 신도 그러하면 마음속에서 꽃으로 피어납니다. 그러하니 당신도 '뮤즈'의 이름을 자꾸자꾸 부르십시오. 그래야 시의 꽃들이 만발하게 될 터이니까요.

> 숲은 사랑스럽고 어둡고 깊다
> 그러나 나는 지켜야 할 약속이 있고
> 그리고 잠들기 전에 가야 할 길이 있다
> 그리고 잠들기 전에 가야 할 길이 있다.
>   ―프로스트, 〈눈 오는 저녁 숲가에 서서〉에서

참 유명한 시입니다. 단순한 문맥이지만 전체가 비유적입니다. 그 비유성이 이 시구의 생명입니다. 예컨대 '숲'은 인생, '약속'은 살아가면서 해야 할 일, '길'은 남아 있는 삶, '잠'은 곧 죽음 등으로 음미해 볼 때, 단순한 문맥에 시적 의미가 깃들게 되지요.

특히 반복되는 "그리고 잠들기 전에 가야 할 길이 있다(And miles to go before I sleep)."에서 '그리고(And)'를 간과해서는 안 됩니다. 왜냐하면 위에서 말한 시어의 비유적 의미 해석에서 처음의 "그리고"는 "잠들기 전에 가야 할 길이 있다."는 점을 일러 준 것이라면,

두 번째 "그리고"는 그 말을 다시 한 번 생각해 보면 "죽기 전에 해야 할 남은 일이 있다."는 뜻임을 깨우쳐 강조해 주기 때문입니다.

당신이 시인이라면 "나를 키운 건 8할이 시"라고, "나는 나의 인생을 시로 측정했다."고, 또한 "죽기 전에 해야 할 일은 시"라고 대답할 것입니다. 그리고 인생의 '가을'을 맞으면 '저만치' 있던 죽음이 '이만치' 가까이 있음도 알게 될 것입니다.

위의 시구들을 통해서 내가 하고 싶었던 말은 뛰어난 시인이란 우리가 가슴속에 담아 둘 좋은 시구들을 많이 남겨 준 시인임이 틀림없다는 것입니다. 좋은 시는 평이하게 쓰였되 생각을 많이 하게 해주는 시, 적게 말하되 깊은 의미가 내포된 시, 어느 시대 어느 사회에서나 모든 사람들에게 감동과 위안을 주는 시일 터입니다. 시쓰기가 어려운 것이 아니라 좋은 시를 쓰기가 어려운 것이지요.

내가 좋아하는 시구는 더 많이 남아 있지만, 편지가 너무 길어질 듯 싶어 여기서 줄이겠습니다.

그럼, 또….

2009. 2. 23

늙은 시인으로부터의 편지 · 14

당신은 누구에게 저서를 헌정하겠는가?

우리와는 달리 서구의 저자들은 책의 맨 앞쪽에 '헌사'나 '감사의 글'을 쓰는 것이 관례처럼 되어 있습니다. 예컨대 보들레르는 그 유명한 『악의 꽃』에 다음과 같은 헌사를 썼습니다.

완벽의 시인, 프랑스 문학에 있어서의 완전한 마술사, 내 가장 친애하며 숭배하는 스승이며 벗인 테오필드 고티에게 가장 깊은 겸양의 마음으로, 나는 바치노라 이 병든 꽃들을.

그런가 하면 엘리어트는 "보다 훌륭한 장인 에즈라 파운드에게" 『황무지』를 헌정했습니다. 이 둘은 문학의 스승을 위한 헌사의 규범으로 여겨지고 있습니다.

일찍이 기원전의 철학자 키케로는 "세상이 타락했다. 어린 것들은 더 이상 부모의 말을 듣지 않고, 잡것들이 너 나 할 것 없이 책을 내려고 한다."고 한탄했습니다. 요즘 우리도 세태의 변질에 마음을 아파하고 있지만, 키케로의 한탄을 들으면 크게 달라진 것도 없는 듯합니다. 책을 예로 든다면, 바코드가 표지에 찍혀 있고, 책장을 넘기면 판권이 먼저 보인다는 것이 다르다고나 할까요.

글을 쓰는 사람에게 있어 작품이 자신의 분신이라면, 책은 그 분신의 거처라 할 수 있습니다. 때문에 모든 저자들은 자신의 분신들이 무주택자가 되지 않도록 여러 가지로 배려를 합니다. 그리고 일단 일정한 거처를 마련했던 분신들은 그 책을 읽는 사람의 선택 여하에 따라 제각기 독자의 가슴으로 거처를 옮기게 됩니다. 그러면 그곳이 영원히 머무를 방이 되는 것입니다. 따라서 '헌사'는 자신의 분신이 받아들여지기를 바라는 사람의 가슴을 위해 쓰여지는 것이라고 할 수 있겠지요. 그러나 실제로는 그러하지 않은 경우도 많습니다.

만일 당신이 책을 낼 때 '헌사'를 써보셨거나, 특히 출간을 앞두고 무슨 '헌사'를 쓸까 고민을 하고 있다면, 이 글이 많은 도움을 줄 것입니다. 우선 나의 경우부터 얘기를 시작해 보겠습니다.

> 시詩가 무엇인지 몹시 궁금해하는 동생들과,
> 시詩를 가끔씩 읽어 보시던 누님과,
> 시詩를 잘 이해 못하시는 아버지, 그리고
> 시詩라는 것이 있다는 것조차 모르시는 어머님께
> 이 시집을 바친다.

위는 내가 태어난 집주소를 시집 제목으로 삼은 『양지동 946번지』(1967)라는 세 번째 시집 헌사입니다. 안양의 양지동, 그 집터에서 지금까지 살고 있지만, 7남매의 장남으로 부모님의 기대와는 어긋나게 시인의 길로 들어선 젊은 나이의 가족에 대한 연민을 드러내 보인 것이라 하겠습니다.

　아, 그런데 300부 한정판 가운데 'No.1'은 가족이 아닌 한 소녀에게 주어졌으니, 이는 내 첫사랑의 '비밀' 때문이었지요.

　　아버지는, 내가
　　담배 피우는 줄을 모르신다
　　술을 마시는 줄도 모르신다

　　어머니는, 아침에
　　책값이라고 받아 간 돈이
　　다방의 찻잔을 비우게 한 것을 모르신다
　　그리고, 내가
　　한 소녀를 사랑하고 있는 것도 모르신다

　　아!
　　아버지, 어머니는
　　내가
　　시를 쓴다는 것,
　　그것을 모르신다

　　　　　　　　　　　　　　　　—〈비밀〉 전문

　그 소녀는 그 후 한 남자와 결혼을 해서 1남 2녀의 어머니가 되었는데, 그 아이들이 나를 '아버지'라 부르고, 나를 '할아버지'라고 부르는 손자·손녀도 생겼답니다.

그렇게 세월이 흘러 회갑 기념으로 간행한 『가을 소작인小作人』(2001)에 나는 "이 시선집을 나의 사랑, 내 고향 '안양'에 바칩니다."라는 헌사를 썼습니다. 안양 사랑은 나의 종교입니다. 앞으로 고희 기념 시집에는 어떤 헌사를 쓸까 생각 중입니다. 나의 이야기가 너무 길어졌나 봅니다. 그럼 이제부터 다양한 헌사들에 대한 얘기를 해보겠습니다.

먼저 내가 좋아하는 헌사 세 편부터 소개하겠습니다. 첫 번째는 당신도 알고 있을 생텍쥐페리의 『어린 왕자』입니다.

레옹 베르트에게 바칩니다.
이 책을 어른에게 바친 것을 독자 어린이들이 너그럽게 이해해 주기 바랍니다. 그 어른은 세상에서 가장 친한 내 친구거든요. 다른 이유도 있어요. 그는 모든 걸 이해하거든요. 어린이에 대한 책까지도 말이에요. 이유가 또 있어요. 그는 춥고 배고픈 프랑스에 살고 있어서, 그를 격려해 줄 필요가 있거든요. 그래도 이유가 충분치 않다면, 이 책을 그 어른이 지금처럼 나이가 들기 전의 아이에게 바치겠어요. 어른도 누구나 한때는 아이였으니까요. 그걸 기억하는 사람은 드물지만요. 그럼 헌사를 이렇게 고치겠어요.
  꼬마였을 적의
  레옹 베르트에게 바칩니다.

역시 생텍쥐페리입니다. 한 편의 동화같지 않습니까. 워즈워스의 "아이는 어른의 아버지"라는 시구를 떠올리게도 하지요. 좋은 문학이란 이렇듯 잔잔한 감동을 통해 인생의 교훈을 선사하는 것입니다. '헌사' 만으로도 문학의 효용을 성취했으니, 『어린 왕자』의 문학성이 더욱 배가될 수밖에 없겠지요.

두 번째로 소개할 헌사는 아주 인간미가 돋보이는 것입니다.

    이 세상에서 매춘에 관한 모든 법이 폐지되기를 기원하며 이 책을 헌정한다.
    아울러 번리 여자고등학교 시절, 나를 가리켜 '구제불능'이라고 했던 D선생께도 이 책을 바친다. 당신 말이 옳았습니다.

어떤 책이냐고요? 니키 로버츠의 『역사 속의 매춘부들』(김지혜 옮김, 책세상)이라는 책입니다. 이 책은 고대로부터 현대에 이르기까지 풍부한 사실적 자료를 바탕으로 매춘의 역사를 고찰한 역작으로서, 매춘이 남성우월주의에서 야기된 사회적 편견의 소산임을 강조하고 있습니다.

저자는 물론 여성이지만, 중요한 것은 저자 자신이 매춘부 출신이라는 점입니다. 때문에 여고 시절에 자신을 '구제불능'이라고 야단을 쳤던 선생님의 말이 옳았다고 인정하는 모습에서 순수한 인간미를 느끼게 되는 것입니다. 나도 여고 교사 생활을 했지만, 니키 로버츠 같은 학생을 배출시키지 못한 것이 못내 아쉽습니다. "D선생님, 당신은 참 행복한 사람입니다."

세 번째로 소개하고자 하는 헌사는 역시 널리 알려진 어니스트 헤밍웨이의 소설 『누구를 위하여 종은 울리나』입니다. 그런데 이 헌사는 저자 자신이 쓴 것이 아니라, 17세기 영국의 유명한 형이상학파 시인인 존 던의 시를 차용한 것인데, 소설의 제목도 이 시에서 따 왔지만, 시 형태를 종鐘의 형상으로 변형시킨 점이 이채롭습니다.

어느
누구고 하나
의 섬이요, 자기
스스로가 온전한, 것
아니노라. 사람은 모
두 대륙의 한 조각,
본토의 일 부분. 유럽의
땅, 줄어듦과 같이 봉우
리 사라지리. 너의 친구
의, 네 자신의 농토 사
라지노라. 어떤 사람의 죽
음도 네 자신의 소모이
나니, 너 또한 인류의 일
부이므로 그러기에 묻지 말
지어다. 종〈弔鐘〉은 누구를 위하여 울
리느냐고. 종은 너를 위하여 울리므로.

존·던

위와 같이 사물의 형태를 모양 낸 헌사는 e. e. 커밍스의 시집 『NO THANKS』에서도 볼 수 있습니다. 그러나 여기에는 그럴 만한 사연

109

이 있는데, 그 헌시는 다음과 같은 형태로 되어 있습니다.

NO THANKS

TO
Farrar & Rinehart
Simon & Schuster
Coward McCann
Limited Editions
Harcourt, Brace
Random House
Equinox Press
Smith & Haas
Viking Press
Knopf
Dutton
Haperr's
Scribnerr's
Covici-Friede

사연인즉 이러합니다. e. e. 커밍스는 시집을 내려고 출판사로 원고를 보냈지만 거절을 당합니다. 그것도 한두 군데가 아니라 열네 출판사에서 말입니다. 그래서 어머니로부터 300달러를 빌려서 자비

출판을 합니다. 어머니에게 고마움을 표하자면 시집 제목을 응당 『THANKS』라고 해야겠지만, 커밍스는 출판을 거절당한 원망감을 표출하기 위해 『감사할 것 없음』이라는 제목을 붙입니다. 그리고는 그 아래에 감사하기를 거부한 대상, 곧 자신의 시집 출판을 거절한 14개의 출판사 이름을 나열한 것입니다.

여기까지는 중요하지 않습니다. 포인트는 그 형태가 '항아리' 모양을 하고 있다는 것입니다. 화병처럼 보이기도 하지만, 그것은 죽은 사람의 유골을 보관하는 항아리 관의 모양을 본뜬 것입니다. 얼마나 마음에 상처를 받았으면 그랬을까요. 하기야 그는 자신의 이름을 관례로 되어 있는 대문자가 아니라 'e. e. cummings'라는 소문자로만 표기하도록 법적 조치까지 해둔 별난 시인이었으니 그럴 만도 하지요. 그래서 '소문자의 지식인'이라는 별명도 얻었지요.

그뿐만이 아닙니다. 약품에도 부작용에 대한 주의사항이 있고, 술병·담배갑마다 '경고'가 보이듯, 책에도 경고문이 등장합니다.

경 고

종이에 베일 수 있음. 장갑을 끼시오!

『카사노바는 책을 더 사랑했다』(존 맥스웰 헤밀턴)에 나오는 '저자의 경고문'입니다. 웃음을 자아내지요. 그런데 "경고문은 오로지 책 광고를 하기 위한 것"이라고 해설을 하는 이 저자의 헌사가 또 웃음을 자아냅니다. "또한 모든 평론가들에게 바칩니다. …왜냐하면 망나니가 아니고서야 자기한테 바쳐진 책을 난도질할 작자는 없을 테니까."라고 썼으니까요.

그러나 이와 같은 경고의 헌사에는 선례가 있습니다. 17세기의 프란시스코 데 케베도 이비야가스라는 긴 이름의 문필가는 『어린 시절 장난감』에 다음과 같은 헌사를 남겼습니다. "그 누구에게도 바치지 않는다. …작가가 책을 헌정하는 데는 두 가지 목적이 있는 듯한데, 두 가지는 불가분의 관계가 있다. 하나는 책을 펴내는 데 보탤 구호금을 받기 위한 것이고, 다른 하나는 비평으로부터 작품을 보호하기 위한 것이다."

위의 경고문을 읽으며 웃음을 머금었던 당신은 다음의 경고문을 접하면 마음이 아주 달라질 것입니다.

임신부나 노약자는 읽을 수 없습니다. 심장이 약한 사람, 과민 체질, 알레르기가 있는 사람도 읽을 수 없습니다. 이 시는 구토, 오한, 발열, 흥분의 부작용을 일으킬 수 있습니다. 드물게 경련과 발작을 일으킬 수도 있습니다. 무엇보다 이 시는 똥 핥는 개처럼 당신을

싹 핥아 치워 버릴 수도 있습니다.

섬뜩하지 않습니까. 이것은 김언희 시집 『말라 죽은 앵두나무 아래 잠자는 저 여자』의 '자서'입니다. 개성적인 문학성은 논외로 삼더라도, 이쯤 되면 할 말이 없게 됩니다. 졸지에 '똥'이 될 것을 좋아할 독자가 어디 있겠습니까. "싹 핥아 치워 버"려지지 않도록 조심해야겠습니다.

하기야 대시인 바이런도 『돈 주안』에 자신의 숙적인 로버티 사우디와 콜리지, 워즈워스와 같은 시인들을 싸잡아 조롱하는 헌사를 썼고, 에드워드 섹스비라는 사람은 자신의 저서를 "각하께서 세상을 떠나시는 것이 이 세상에 얼마나 큰 덕을 베푸는 것인가를 생각하신

다면, 마지막 숨을 거둘 때 정녕 이루 말할 수 없는 위안을 받으실 겁니다."라는 헌사로 "올리버 크롬웰 각하에게" 바쳤으니, 용기도 용기이려니와 사람이 가슴에 품은 증오심이 얼마나 두려운가를 알게 됩니다. 그러나 통계 수치도 확인할 수는 없지만, 일반적으로는 가족, 특히 배우자에게 헌정하는 것이 대부분입니다. "사랑하는 나의 아내 ○○○에게" 하는 식이지요. 어니스트 헤밍웨이는 네 명의 아내에게 차례로 헌정했고, 크로퍼드라는 소설가는 "스물다섯 번째 장편소설인 이 작품을 아내에게 사랑을 담아 바친다."라고 했으니, 그 전의 스물네 권은 모두 누구에게 바쳤는지, 아내가 과연 좋아했을까요? 그런가 하면 제임스 스콧이라는 학자의 "나름의 학식과 나름의 관심사를 지닌 아내와 아이들이 이 책을 위해 한 일이 사실상 아무것도 없음을 밝혀 두고 싶다."는 헌사도 있습니다. 독자들까지 공연히 민망해집니다.

중세에는 특히 권력자에게 헌정하는 예가 많았습니다. 마키아벨리는 『군주론』을 당시의 정치·경제 지배자인 로렌초에게 바쳤고, 볼테르와 코페르니쿠스는 교황에게, 그리고 토머스 페인은 조지 워싱턴 대통령에게 헌정했습니다. 일본의 경우 막부 '쇼군'에게 바치는 예가 많았고, 적지 않은 종교인들은 '하느님'이나 '예수'에게 헌정했습니다. 재미있는 것은 최상의 경건한 헌사를 쓰기 위해 헌정사 대필업이 유행했다는 것입니다. 오늘날 여론 조사의 대명사처럼 운영되는 조지 갤럽은 공저인 『장수의 비밀』을 "94세가 넘은 미국인 2만 9천 명과 그러길 바라는 나머지 미국인 1억 7997만 1천 명에게 헌정한다."고 썼으니, "전 세계인에게"라는 헌사가 등장하기 전까지는 최다 기록일 것입니다.

문인들은 좀 괴팍한 면이 있습니다. "본인에게 바친다."고 하지를 않나, '개에게' 헌정하지를 않나, "유부녀인 R에게. 그녀만이 그녀가 누구인지를 안다."고 하지를 않나.

그러나 문인들이 괴팍한 것만은 아닙니다. "내가 글을 쓰는 동안, 간간이 내 방 창가에 와서 창틀을 긁어 대던 붉은 다람쥐에게도 고마움을 전하고 싶다."(M. 리들리, 『붉은 여왕』)거나, "이제까지 세계 여러 나라의 길 위에서 스쳐 지나며 레이스 중 추월하거나 추월 당해 왔던 모든 마라톤 주자들에게 이 책을 바치고 싶다."(무라카미 하루키, 『달리기를 말할 때 내가 하고 싶은 이야기』)와 같은 헌사를 보면 참 인간적이라는 생각이 듭니다.

나는 시인이기에 아무런 헌사가 없는 시집일지라도 '뮤즈'에게 헌정된 것이라고 생각합니다. 그리고 문학의 본질을 마련해선 원망이나 해학보다는 인간적인 감사가 마땅하다고 생각합니다. 이 편지가 앞으로 헌사를 쓰실 분들에게 도움이 되었기를 바랍니다.

이제 완연한 봄입니다. 봄의 헌사인 꽃들을 보노라니 자연도 신에게 감사하는 듯싶습니다.

그럼, 또….

2009. 3. 24

늙은 시인으로부터의 편지 · 15

문인들의 사랑 이야기

 오래 편지를 나누다 보면 첫머리의 인사말을 쓰는 것이 쑥스러워지게 됩니다. 그래서 그냥 하고 싶은 이야기부터 하겠습니다. 이번 편지의 화두는 '사랑' 입니다.
 그런데 사랑 얘기는 시작하기는 쉽지만, 일단 시작을 해놓고 보면 가닥을 잡기도 힘들거니와 끝을 맺기는 더 어렵기 때문에, 추상적인 담론들은 제쳐 놓고 유명 문인들의 특이했던 러브 스토리들을 살펴볼까 합니다. 우선 다음의 일화로 시작해 볼까요.
 파울로 코엘료는 자신이 좋아하던 헨리 밀러를 만나 보려고 계획을 세우던 중에 그가 세상을 떠나 뜻을 이루지 못합니다. 그러다가 일본 체류 중에 자신을 취재하던 기자의 도움으로 헨리 밀러의 일본인 부인인 호키 여사의 집을 방문하게 됩니다.
 호키 여사는 자기가 로스앤젤레스에서 석사과정을 이수하던 때,

115

한 레스토랑에서 피아노를 연주하고 노래도 부르며 아르바이트를 하고 있었는데, 그곳에서 식사를 하던 밀러가 자신의 샹송에 마음이 이끌려 결혼 신청을 하고, 30년이 넘는 나이 차이에도 사랑을 나누며 살았다는 것. 그러다가 그가 세상을 떠나게 되자, 막대한 저작권료와 재산은 전처들 사이에서 태어난 자녀들이 상속을 받았고, 자신은 일본으로 건너와 혼자 살고 있다는 얘기를 듣습니다. 코엘료는 이렇게 쓰고 있습니다.

"나는 오래전 밀러와 처음 만난 그날, 그녀가 부른 샹송을 불러 달라고 청했다. 그녀는 눈물을 글썽이며 '고엽'을 불렀다." 그리고 대문호의 미망인이라면 으레 따르는 저작권료나 국제적 명성에 연연하지 않고, 다음과 같은 말로 자신의 심경을 표했다는 것입니다. "유산을 두고 싸우는 건 의미가 없었어요. 사랑으로 충분하니까요."

이게 바로 사랑이지요. 남성 문인들은 어쩌면 호키 여사와 같은 연인을 꿈꿀지 모르겠지만, 그러려면 먼저 세계적인 문인이 되어야 할 터이니, 그냥 꿈으로 간직해야 할 것 같습니다. 어쨌거나 감동스런 러브 스토리입니다.

이와는 좀 다르지만 D. H. 로렌스에게도 순애보의 여인들이 있습니다. 첫사랑인 제시 체임버스, 처음으로 성적 관계를 맺었다는 엘리스 더크스, 그리고 15세부터 사귀었다는 루이 발로스가 그들입니다. 그러나 로렌스는 프리다 비클리라는 유부녀와 도피, 결혼을 합니다.

'순애보'라는 말을 쓴 것은 첫사랑인 제시 체임버스는 평생을 로렌스의 옛집 근처에서 살았고, 엘리스 더크스와 루이 발로스는 독신으로 일생을 보냈기 때문입니다. 소설 같은 얘기지요. 소설 같기에 비현실적인 애틋함이 러브 스토리를 미화시켜 줍니다.

이들과는 반대로 한 여성이 세 남자와 사랑을 나눈 유명한 얘기도 전해지고 있습니다. 먼저 흔히 '갈라' 라고 불리우는 여인이 있습니다. 본명은 엘레나 디미트리 에브나 디아코노바. 그녀는 일단 초현실주의 시인 폴 엘뤼아르와 결혼을 했지만, 화가 막스 에른스트와 사랑을 나누다가, 다시 살바도르 달리와 사랑에 빠져 화제에 오릅니다. 특히 달리와는 50년이 넘게 사랑을 나눠 달리는 그림마다 '갈라와 살바도르 달리' 라는 서명을 남길 정도로, 모든 여성화의 모델을 갈라로 삼아 화단의 뮤즈로 평가받게 됩니다.

또 하나의 여성은 '루' 라는 단음절 호칭으로 통한 루 안드레아스 살로메입니다. 그녀는 니체, 릴케, 프로이트와 차례로 사랑을 나누는 특이한 인생 편력으로 일방에서는 '하인베르크의 마녀' 로 일컬어지기도 했지만, "루가 어떤 남자와 정열적으로 접촉하면, 그 남자는 9개월 후에 한 권의 책을 쓰게 된다."는 영감의 제공자이기도 했습니다.

니체가 청혼까지 했고, 프로이트가 20년 넘게 편지를 보낼 정도였으니 지성미까지 갖춘 여인이었나 봅니다. 루는 이들과의 관계를 모두 회상기로 남겨 자신에 대한 사랑에 보답을 합니다.

릴케는 그의 첫 시집 『기도시집』에 "루의 손에"라는 유명한 헌사를 남기지만, 조각가 클라라 베스토프와 결혼을 한 이후에도 여러 여인과 사랑을 나누다가, 마지막 애인이었던 이집트 미인 니메트 엘루이에게 보낼 장미꽃을 꺾다가 가시에 찔려, 그 상처를 치료하는 동안 백혈병 환자임이 밝혀지고, 그로 말미암아 세상을 떠나게 되었다는 것은 아주 유명한 얘기이지요.

시인 아폴리네르와 화가 로랑생과의 짧은 사랑도 화제에 오르곤 합니다. 비록 5년 만에 끝난 연애였지만, 두 사람이 모두 자기 분야에서 최고의 영예를 누릴 때여서 이목을 집중시킬 만했지요. 예술적 자부심이 서로 강해 헤어지게 됐지만, 로랑생은 먼저 세상을 떠난 아폴리네르의 편지를 가슴에 안고 임종을 맞이한 것을 보면 진실한 사랑이었나 봅니다.

우리가 사랑을 이야기할 때 반드시 언급하는 두 사람이 있으니 단테와 카사노바입니다. 이들은 상극적입니다. 단테는 한 소녀와 이루지 못한 사랑을 가장 이상적인 대상으로 미화시킨 작품을 썼고, 카사노바는 가장 많은 여인들과 나눈 사랑을 자서전에 여실히 기록했습니다.

단테가 베아트리체를 처음 본 것은 아홉 살 때였는데, 그는 당시의 심경을 "이것은 나 자신보다도 훨씬 더 강한 여신과 같은 존재다. 이제 곧 내게로 와서 나를 지배하게 될 존재다."라고 기록에 남겼습니다.

한 살 차이의 베아트리체를 단테는 신격화시키고 있는 것입니다. 단테는 9년 뒤에 다시 한 차례 베아트리체를 만나게 되지만, 서로 인사만 나누었을 뿐, 그것으로 끝이었습니다. 각자 결혼을 하고 자신들의 삶을 시작하게 되자마자, 베아트리체는 24세의 아까운 나이에 세상을 떠납니다. 단테는 그런 비운의 베아트리체를 『신곡』에서 천국을 안내하는 천사로 부활시킵니다. 이루지 못한 사랑을 완성시킨 것이지요.

이와는 달리 카사노바는 15세 때 두 자매와의 정사로 파란만장한 사랑의 역사를 시작합니다. 19세 때는 루크레치아라는 여인과 사랑을 나누고, 36세가 되어 한 미소녀에게 청혼을 하지만, 그녀가 바로 루크레치아의 딸, 곧 자신의 친딸임을 알게 되는 비운도 맞이하게 됩니다.

카사노바는 자서전에서 "나는 여자를 위해 태어났다."고 할 정도로 셀 수 없이 많은 여인들과 애정 행각의 모험을 수행하지만, 중요한 것은 매번 그 순간만은 진실한 사랑을 위해 목숨을 걸었다는 것입니다. 그리고 그 진실성 때문에 어떤 여인들도 카사노바를 원망하거나 성토하지 않았으니, 카사노바에게 사랑의 왕관을 씌어 주는 것도 무리는 아닌 듯싶습니다.

한가지 부언해야 할 것은 카사노바가 법률가, 승려, 군인, 바이올리니스트, 철학자, 비서, 스파이 등의 다채로운 분야에서 전문가적 기능을 발휘했을 뿐만 아니라, 문필가로서도 여러 편의 소설과 희곡을 썼고, 특히 그의 자서전인 『내 생애의 역사』 12권은 전기문학의 백미로 꼽힌다는 사실입니다.

문인들의 사랑 이야기에서 또한 빼놓을 수 없는 것이 있습니다. 바로 그들이 가공으로 내세운 작품의 주인공들의 러브 스토리입니다. 이에는 로미오와 줄리엣을 필두로 보바리 부인, 살로메, 안나 카레리나, 베르테르, 채털리 부인, 롤리타 등이 있습니다. 어떤 점에서는 실존 인물들의 사랑보다 더 현실성이 있는 것처럼 느껴지기도 합니다. 사디스트, 매저키스트가 작가들의 실명에서 유래했듯, 베르테르 바이러스나 롤리타증후군, 보바리즘이라는 특징적 성향도 작중 인물명에서 차용된 것이니, 그들의 러브 스토리를 도외시할 수는 없겠지요.

그런데 위에서 말한 주인공들의 사랑은 대부분이 자살이나 불륜과 관계되는 비극성을 보입니다. 소크라테스가 일찍이 규명했듯 사랑의 도취는 병이자 광기인 것이어서, 그 병적인 광풍이 그들을 파탄으로 몰고 간 것입니다. 그렇다면 그러한 비극적 사랑을 그려 낸 문인들의 실제적인 사랑은 어떠했을까요. 이들의 사랑 이야기를 여기에 일일이 옮겨 놓을 수는 없습니다.

먼저 괴테의 경우부터 시작해 볼까요. 괴테의 러브 스토리는 『파우스트』나 『젊은 베르테르의 슬픔』의 작가에게 걸맞는 위대성을 찾아보기 힘듭니다. 삼류 소설 같다고나 할까요. 상류 사회의 여성들과도 교제한 적도 있으나, 괴테는 친구와 약혼 중이거나 유부녀, 또는 신분이 낮은 여인들과의 연애를 즐겼습니다.

첫사랑인 카타리나 쉰코프도 여관집 딸이었고, 『젊은 베르테르의 슬픔』의 모델도 친구의 약혼녀였습니다. 그런 와중에 목사의 딸 프리데리케 브리온과의 열정적 사랑은 임신 문제로 파국을 맞았고, 은행가의 딸인 릴리 쇠네만과의 약혼까지 파기되기에 이릅니다. 곧 이어 괴테는 샤를로테 폰 슈타인이라는 연상의 유부녀와 사랑을 나눕니다. 10년 동안 그는 무려 1,500통 이상의 러브 레터를 그녀에게 보냈습니다.

그러나 정작 동거 생활을 한 것은 조화 공장의 직공인 크리스티아네 불피우스라는 아가씨였습니다. 그러다가 몇 년 후에 정식 결혼을 했지만, 앞에서 본 바와 같은 연애 행각이 이어집니다. 크리스티아네가 세상을 떠나고 나서 74세의 괴테는 친딸처럼 돌봐 주던 10대의 울리케 폰 레베초프라는 소녀에게 구혼을 했으나 거절을 당합니다. 시성으로 불리우는 사람으로서의 러브 스토리로서는 마지막의 일화만 입에 오르내리는 게 왠지 씁쓸하기조차 합니다.

대문호 톨스토이의 러브 스토리는 비극 중의 비극이라 할 수 있을 것입니다. 기록에 의하면 톨스토이는 16세 때 매춘부에게 동정을 선사합니다. 그리고는 자신의 저택에서 일하는 하녀들과 육체적 관계를 맺습니다. 아키시냐라는 농부의 딸과 연애를 하고 아들까지 두게 되었지만, 이를 정리하고 소피아 베루스와 결혼을 합니다.

톨스토이는 자신의 방탕한 생활이 그대로 적혀 있는 일기를 소녀가 보도록 유도했고, 그때부터 이들 부부의 삶은 갈등의 늪에 빠져들게 됩니다. 톨스토이는 지속적으로 농노의 딸들이나 노동녀들을 범했고, 그때마다 살인 직전까지의 싸움이 벌어지곤 했습니다. 소냐도 음악가인 세르게이 타나예프와 염문을 뿌리기도 합니다.

톨스토이의 일기 속에는 소냐에 대한 혐오감이 공포증까지 유발시킨 내용들로 꽉 차 있습니다. 그리고 아내로부터 도피하기 위해 82세에 가출을 시도했고, 보잘것없는 시골 역에서 아내와의 면담을 끝내 거절한 채 세상을 떠납니다. 비극 중의 비극이 아니겠습니까. 그의 사랑의 행각들은 톨스토이라는 이름에 전혀 걸맞지 않습니다.

비극적인 러브 스토리에는 버지니아 울프를 빼놓을 수가 없지요. 그녀는 22세 때까지 두 이복형제들로부터 성적 희롱을 당합니다. 그 때문에 남자에 대한 거부감이 심화되고, 16세와 20세 때 각기 다른 여성과 우정을 넘어선 사랑을 나눕니다. 동성애라 할 수 있겠지요. 27세 때는 호모 취미의 리턴 스트레이치의 청혼을 받아들였으나 바로 철회당했고, 30세에 그녀는 자신이 불감증인 것을 알고, 레너드 울프와의 결혼 생활을 섹스 없는 문필 생활로 28년간이나 보냅니다. 그러나 40세 때 레즈비언인 비터 세크빌 웨스트와 남편의 묵인 하에 사랑을 나눕니다.

그러나 이 최고의 여성작가도 결국은 59세에 주머니에 돌덩이를 넣고 강에 투신 자살을 했습니다. 문인들의 러브 스토리에서 해피 엔딩은 정말 찾아보기 힘듭니다.

가장 다채로운 연애 행각을 펼친 여성작가로는 조르주 상드가 꼽힐 것입니다. 자신이 '여 스파르타스'라고 부른 그녀는 16세 때 딸을 낳기도 했고, 18세 때 결혼했으나 9년 후에 이혼을 함과 동시에 소설가 메리메, 시인 뮈세, 작곡가 쇼팽, 조각가 망소, 화가 마르샬, 평론가 블랑, 그리고 평론가 생트 베브, 작곡가 리스트, 소설가 뒤마,

플로베르 등과 사랑과 우정을 나눕니다. 특히 그녀는 연하의 남자를 선호했고, 여배우 마리 도르발과의 사랑으로 해서 레즈비언으로도 알려지고 있습니다.

동성애 얘기가 나와서 꼭 언급해야 할 사람들이 있습니다. 오스카 와일드와 랭보·베를렌느입니다. 오스카 와일드와 16세 연하의 미남 청년인 알프레드 더글러스 경과의 동성애 사건은 재판에 회부될 정도로 세인의 이목을 끈 일이었습니다. 와일드는 유죄 판결을 받고 2년간 수감 생활을 합니다. 이로 말미암아 그의 인생과 예술은 파국으로 내닫게 되고, 급기야는 프랑스의 한 작은 여관방에서 세상을 떠납니다.

이에 비해 랭보와 베를렌느의 정사는 유별난 데가 있습니다. 천재 소년 시인 랭보는 자작시 몇 편과 소개장을 미리 베를렌느에게 보내고 파리에 나타납니다. 그 후 곧바로 두 시인의 동성애가 시작됩니다. 그들은 자신들의 동성애를 술좌석에서 공개적으로 과시하기도 했고, 랭보는 자신의 우월성을 과시하느라 칼을 휘둘러 베를렌느에게 상처를 입히기도 합니다. 그런저런 일로 세간의 비판이 일자, 두 사람으로 런던으로 사랑의 도피를 시도합니다. 그러다가 베를렌느가 브뤼셀로 혼자 떠나 '자살 통보'를 해오자 황급히 찾아간 랭보에게 권총을 쏘아 부상을 입히게 되고, 계속된 살해 협박에 랭보가 경찰관을 불러, 베를렌느는 살인미수죄로 2년형을 선고받게 됩니다. 형을 마치고 출옥한 베를렌느가 랭보를 찾아오지만, 그는 냉정히 물리치고 돈을 번다고 아프리카로 떠나 그곳에서 세상을 떠납니다. 그 후 베를렌느는 방탕한 생활을 하다가 죽게 되는데, 그의 장례식을 치러 준 것은 외제니 클랑스라는 매춘부였습니다.

'문인들의 사랑 이야기'라는 제목을 처음 접했을 때, 당신은 혹시

로맨틱한 러브 스토리들을 떠올렸을지도 모르겠습니다. 어찌 그들이라고 해서 그런 사랑의 달콤함이 없었겠습니까. 그러나 문학사에 빛나는 이름들의 이면에는 그 광채와 상반되는 본능적인 어둠이 더 짙게 드리워져 있음을 수없이 보게 됩니다. 한마디로 기행이라고 할 수 있는 일들이지요.

좀 더 예거하자면, 여성과 단 한 차례의 육체 관계도 갖지 않고, 자위행위로만 성적 탈출구를 찾았던 안데르센, 어머니에게 버림을 받았기 때문에 성관계를 할 때는 "나에게는 어머니가 없었다. 어머니의 애정을 모르고 자랐다."라는 대사를 꼭 외쳤다는 발자크, 성적 욕구를 노름으로 대리만족하면서 발가락에 욕정을 느꼈다는 도스토예프스키, 500여 명의 사생아를 낳았다고 호언한 알렉상드르 뒤마, 1848년에서 1850년 사이에 200여 명의 여인들과 육체관계를 했다는 빅토르 위고, 한 여자를 두 번 이상 관계하지 않고서도 수천 명의 여인들과 육체관계를 즐겼다는 기 드 모파상, 200개 이상의 호를 가졌었고, 『연애론』의 저자이면서 독신으로 살았지만 매독으로 죽은 스탕달, 아이를 낳는 목적 이외의 섹스는 죄악이라는 괴로움에 시달렸던 에밀 졸라, 학창 시절 수업 중에 자위행위를 하다가 들켜서 퇴학을 당했고, 사랑하는 상대나 이상적인 여성과는 섹스를 할 수 없다는 '엔젤리즘(천사 망상)' 때문에, 소년에게 더 끌렸던 앙드레 지드 등의 문인들도 그러합니다.

나는 이 글을 쓰면서 파란만장한 그들의 삶을 몇 줄로 요약해 버릴 수밖에 없었음에 대해 무례하다는 생각을 합니다. 또한 뛰어난 작품과 그걸 써낸 작가들의 삶은 비례하지 않는다는 생각도 합니다. 또한 지난날의 러브 스토리에는 러브 레터가 '반드시'라고 할 정도로 성실한 안내자 역할을 했는데, 오늘날에는 무용지물처럼 찾아보기 힘들게 된 점에서, 앞으로는 아름다운 시인이나 대문호의 출현이 어렵지 않겠느냐는 생각도 해봅니다.

셰익스피어에게서 일반적인 러브 스토리가 거론되지 않는 것이 웬만큼 아쉬운 일이 아니지만, 나는 소월의 시들이 숨겨진 러브 스토리의 소산이라고 확신합니다.

사랑의 원천이 에로티즘에 있다고 할 때, 예술가들의 기행들도 어느 정도는 이해가 갑니다. 아니, 평범한 러브 스토리는 평범한 문인의 증표가 아닐까요.

사르트르가 못된 피부병으로 죽게 되었을 때, 보봐르는 의사의 만류를 뿌리치고, 그의 곁에 나란히 눕는 것으로 '이별의 의식'을 치릅니다. 진정한 사랑이지요. 그런 사랑의 파트너만 있다면 삶도 죽음도 아름다울 것 같습니다.

이렇듯 짧지 않게 쓴 문인들의 사랑 이야기 속에 당신의 편린은 언뜻 엿보이지 않으셨는지요.

그럼, 또….

2009. 4. 23

늙은 시인으로부터의 편지 · 16

'담배와 시'에 대하여 · 1

'담배' 이야기 좀 하려고 하니, 여기저기서 따가운 눈총의 화살이 날아오는 듯합니다. 이제는 어디를 가나 금연 일색이지요.

나는 (아직까지도) 담배를 즐겨 피우지만, 건강을 위해 금연을 권장하는 것을 충분히 이해합니다. 그러나 흡연을 무조건 혐오하는 사람은 나 역시 혐오합니다. 왜냐고요? 오늘날에 와서 담배가 건강의 천적으로서 기피대상 제1호가 되었지만, 인류 문화의 장구한 역사 속에서 정치·경제·사회·문화·예술, 특히 문학에 남긴 유산들을 감안할 때, 일언지하에 담배의 존재 자체를 부정하고 폄하하는 일은 비문화적인 행위일 뿐만 아니라 몰지각한 일이라고 생각하기 때문입니다.

담배의 운명은 참으로 기구합니다. 과거에는 문명의 첨단의 상징물이었는데, 이제는 공적公敵의 혐오물이 되다니요. 그러나 나는 여기서 문화사 전반에 걸친 담배의 항변을 개진코자 하지는 않겠습니다. 그것은 논제를 벗어나는 일입니다. 시문학을 중심으로 화두의 수로를 트려고 합니다. 술과 시에 대해서는 백가쟁명의 글들이 무수하지만, 담배와 시에 대해서는 별 이야기가 없었다는 점에서 어느 정도 참고가 되지 않을까 합니다. 우선 다음과 같은 에피소드로부터 시작하겠습니다.

'1962. 10. 15. 밤 10시'
위의 연월일시에 무슨 일이 있었는지를 아는 사람은 없을 터입니다. 백과사전이나 컴퓨터의 모든 정보망을 뒤진들 그 내용이 나타날 리가 없으니까요. 그렇다고 극비의 암살 지령문이나 국가 전복 음모의 집회 시간도 아닙니다.
그것은 내가 '나의 돈'으로 처음 담배를 산 연월일시입니다. 서울역이었지요. 지금이야 중학생들도 흡연을 한다지만, 그 시절에 청소년의 흡연은 사회적 금기였지요. 대학생이 되어서야 어느 정도 해금이 됐지요.
뻐끔 담배나 피우던 내가 대학 3학년이 되어서야 내 돈을 들여 담배를 샀다는 것은 금연을 엄명한 아버지를 거스르는 일종의 파계이자 성인 사회로 진입하는 통과의례였습니다. 그래서 그 연월일시를 기록했던 것이고, 더 중요한 것은 그 담배갑을 지금도 보관해 두고 있다는 사실입니다. 그로부터 담배는 내 육신의 일부가 되어 지금까지 근 50년을 함께 살아오고 있는 것입니다. 그 이상의 내 개인적인 얘기는 접어두겠습니다.

문학에서의 담배 이야기를 하기 전에 미술과 영화 속의 담배를 먼저 살펴볼까 합니다.

　비전문가의 시각에서도 흡연화는 고대 마야문명의 신전 조각이나 접시·화병·토기들로부터 시작하여 세계 각국의 민속화에 걸쳐 널리 퍼져 있음이 발견됩니다. 그러한 현상은 중세의 화첩에서도 마찬가지입니다.

　그러나 과거의 흡연화가 민속이나 사회적 문화성에 주안점이 있었다면, 19세기 이후부터 예술성이 부각되기 시작했으니, 들라크루아의 '아파트에 있는 알제의 여성들', 고흐의 '불붙은 담배를 문 해골'과 '템버린의 여인', 마네의 '스테판 말라르메'와 '흡연자', 고갱의 '밤 카페', 세잔의 '카드놀이 하는 사람들', 뭉크의 '사적인 대화', 그리고 피카소의 '시인' 등은 화가들의 명성에 걸맞는 예술성을 보여줍니다.

　짧은 소견으로 첨언하자면, 현대 작품 가운데서는 매기 햄블링의 '오스카 와일드와의 대화'라는 청동 주물과 사라 루커스의 '고마워 그리고 잘 자'라는 궐련으로 만든 관棺 형태의 작품이 눈길을 끕니다.

　사라 루커스의 작품은 그 제목이 시적입니다. '고마워'에서는 평생을 자신을 사랑해 준 데 대한 담배의 인간적인 감사가, '그리고 잘 자'에서는 그에 대한 답례로 보내는 명복의 기원이 잘 표출되어 있습니다. 부차적으로는 담배로 만든 관에서 '흡연=죽음'의 경고적 메시지도 담겨 있다 하겠습니다.

　영화 역시 나의 전문 분야가 아니지만, 그 대중성으로 해서 화제를 풀어가는 데 큰 어려움은 없을 듯싶습니다. 그러나 단편적인 식견일 뿐이겠습니다.

　가장 먼저 떠오르는 것은 험프리 보가트가 재털이에서 꽁초를 찾아 피우는 장면으로 시작하는 '카사블랑카'의 첫 장면입니다.

흡연 장면이 없는 영화는 없다시피 하지만, 이를 주도한 것은 전쟁영화, 갱영화, 서부영화가 아닐까 합니다. 갱들의 소굴은 언제나 담배 연기가 자욱했고, 총잡이들은 담배를 꼬나물고 거드름을 핍니다. 클린트 이스트우드의 시가 꽁초는 그 대표이지요.

전쟁과 담배에는 영화 이상의 의미가 있습니다. 전쟁터의 병사와 담배는 똑같이 소모품이라는 서글픈 공통점이 있는 반면, 그래도 담배를 피우는 시간만큼은 총성이 멎은 위기 속의 휴식이라는 안전성을 보장받는 것입니다. 이는 총살형 직전의 죄인에게 마지막으로 담배 한 대를 피우게 했던 지난날의 관행을 떠올리게 합니다. 미국의 전쟁영화 중 베스트 텐의 앞자리를 차지하는 '이오지마의 모래'에서 일본군을 물리친 존 웨인이 어깨를 으쓱이며 내뱉은 말이 "담배 한 대 주게!"였음도 기억에 남아 있습니다.

물론 담배와 영화에는 찰리 채플린의 익살과 애환, 제임스 딘의 우수 깃든 반항적 이미지, 그리고 밤거리 여인들의 성적 상징성도 각인되어 있습니다. 실버스타 스텔론이 자신이 출연하는 영화에서는 특정 담배 회사의 제품만 피우겠다고 계약한 사례도 있으니, 영화의 대중성을 노린 상혼을 탓할 수만은 없을 듯합니다.

자, 이제 문학 쪽으로 화제를 돌려야겠습니다. 우선 소설로부터 시작해 볼까요.

무엇보다도 먼저 언급해야 할 것은 메리메의 『카르멘』입니다. 비제의 오페라로 더욱 유명해졌지요. 『카르멘』은 두 가지 점에서 중요한 소설입니다. 그 하나는 여성의 흡연을 최초로 다룬 작품이라는 것이요, 둘째는 담배를 성性의 상징이 되게 한 소설이라는 점입니다. 예술작품 속에 나타나는 모든 담배를 피우는 요부나 매춘부들은 카르멘의 직계 후손이라고 할 수 있겠습니다. 공연장 내에서는 아무리

철저한 '금연'일지라도 오페라 〈카르멘〉은 여주인공부터 연초 공장 여직공들이 한결같이 흡연을 하지 않으면 공연을 할 수가 없을 것입니다.

다니엘 디포의 『로빈슨 크루소』에서 외딴섬에 표류한 크루소가 맨 처음으로 한 일이 무엇인지 아십니까. 자생 담배잎들을 발견하고 점토로 담뱃대를 만든 것이었습니다. 그리고 흡연을 한 후 원기를 회복하고부터 우리가 익히 아는 바의 모험담이 펼쳐집니다.

11세부터 담배를 피우기 시작한 마크 트웨인은 『허클베리 핀』에서 14세의 주인공을 흡연자로 등장시킵니다. 아마 자신의 동료로 삼고자 했는지도 모르지요. 최고의 익살꾼인 마크 트웨인은 70세 때 한 강연에서 "잘 때는 절대 담배를 피우지 않고, 깨어 있을 때는 절대 삼가지 않는 것이 제 한결같은 원칙이었습니다. 훌륭한 원칙이지요."라고 말했습니다.

코넌 도일의 셜록 홈스 얘기도 빼놓을 수 없습니다. 실존 인물보다 더 유명한 홈스는 흡연자들의 습관을 조사하여 『140종류의 담뱃대, 시가, 시가렛의 재에 관한 소논문』을 출간하기도 합니다. 물론 가공의 얘기지요. 홈스는 담배에서 사건의 단서를 찾기도 하지만, 문제가 풀리지 않을 때는 "일단 담배를 피워야지. 세 대만 피우면서 생각해 보면 해결할 수 있을 거야."라고 말하곤 합니다.

담배와 소설에 관해서 이렇듯 단편적으로 소개를 해도 지면이 부족합니다. 톨스토이의 『전쟁과 평화』, 태커리의 『허영의 시장』, 디킨스의 『두 도시의 이야기』, 토머스 하디의 『테스』, 키플링의 『킴』, 와일드의 『도리언 그레이의 초상』, 에밀 졸라의 『나나』 등의 소설만 하더라도 흡연이 주요 모티브가 되고 있습니다.

영국의 대중 소설가 마리 루이즈 드 라 라메이는 『두 깃발 아래서』

라는 소설의 여주인공 이름을 아예 '시가레트'로 명명하고, 흡연을 성적 자유의 매개물로 등장시킵니다.

흡연과 섹스의 동일화 문제에서 첨언할 사항이 하나 있습니다. 동성애 문제입니다. 이는 루소가 담배 냄새를 맡을 때마다 자신을 덮쳤던 무어인 남자를 떠올리는 『고백』으로부터 시작하여, 래드클리프 홀의 『고독의 우물』, 에드워드 매켄지의 『특별한 여인들』, 로버트 히친즈의 『초록 카네이션』, 그리고 동성애 소설 100권 중 최고의 작품으로 꼽히는 토마스 만의 『베네치아에서 죽다』 등의 작품을 낳았습니다.

흡연을 찬양하던 엘리자베스 시대에 셰익스피어는 금연을 했습니다. 그렇게 많은 그의 시와 희곡에 흡연 장면이 나오지 않는 까닭은 그 때문입니다. 한 기록에 따르면 많은 사람들이 그의 집 주위에서 담배를 피우며 그를 비난했다고 합니다.

이제서야 시 이야기를 할 때가 되었군요. 담배를 혐오하는 분들은 아마 여기까지 읽지는 않았을 것입니다. 어쩔 수 없지요. 사실 나는 이 글을 쓰면서 여기저기서 자료들을 취합하느라 어느 때보다도 담배를 더 피웠지 뭡니까. 프로이트에게 '정신분석학=담배'이었듯, 나 역시 '글쓰기=흡연'이 된 지 오래입니다. 그렇다고 담배에 대한 글쓰기에 각별한 애착을 갖고 있는 것은 아닙니다. 따라서 '담배와 시'라는 글이 무슨 연구 논문이 아니기에 다음과 같은 두 인용문으로 시작해 볼까 합니다.

> 파이프로 점잖게 연기를 내뿜으며
> 한 번에 반 문장이면 족하다.
>
> ―윌리엄 쿠퍼

> 담배는 상징적인 것을 상징한다.
>
> —자크 데리다

그렇습니다. 담배는 누구보다도 시인들의 사랑을 받아 왔습니다. 홈스가 풀리지 않는 사건의 실마리를 담배를 피우며 찾아냈듯, 시인들은 떠오른 시상의 문맥을 가다듬고 알맞은 시어를 고르는 데 담배의 안내를 받아 온 것입니다. 사실 "한 번에 반 문장"도 과분하지요. 한마디 말을 찾지 못해 밤새 담배 꽁초만 수북이 쌓아 놓는 경우가 허다하니까요. 우선 친근한 소월의 시부터 예를 들어 보겠습니다.

> 나의 긴 한숨을 동무하는
> 못 잊게 생각나는 나의 담배!
> 내력을 잊어버린 옛 시절에
> 났다가 새 없이 몸이 가신
> 각씨님 무덤 위의 풀이라고
> 말하는 사람도 보았어라
> 어물어물 눈 앞에 스러지는 검은 연기
> 다만 타붙고 없어지는 불꽃
> 아 나의 괴로운 이 맘이여
> 나의 하염없이 쓸쓸한 많은 날은
> 나와 한가지로 지나가라.
>
> —김소월, 〈담배〉 전문

소월은 담배가 담파고淡婆姑라는 요절한 미인의 무덤에서 솟아난 풀이라고 상사초想思草라 불리게 된 일본 설화를 떠올리며, 옛 사랑에 대한 괴로움과 인생의 덧없음을 노래합니다. 그러니까 담배는 소월에게 있어 사랑과 덧없음의 상징입니다.

담배가 개인적으로는 실의와 허무, 휴식과 안위의 동반자였지만, 사회적으로는 신분의 높고 낮음, 경제적 빈부, 여권운동의 선도자, 사교계의 총아, 입술의 에로티즘과 함께 예술 창작의 안내자로서의 다양한 상징성을 부여받은 가운데, 시인들도 이와 같은 시대적인 상황 속에서 담배 노래를 불렀던 것입니다.

    당신의 입술에서 물담배 파이프는 즐거움을 끌어 내고
    당신의 입에서 갈대는 사탕수수처럼 달콤해지네
    당신 얼굴을 감싼 건 담배 연기가 아니라네
    그것은 달을 둘러싼 구름이라네.

위는 16세기 초반 작자 미상의 '루바이(페르시아의 4행시)'로서, 연인의 얼굴을 달로, 담배 연기를 구름으로 묘사한 대표적인 시입니다. 연기와 연인은 흡연시의 양대 축입니다.

    그 구름으로 그대가 우리를 감싸
    우리 적들이 우리를 찾을 수 없네
    ―중략―
    모든 사람들이 연기를 뿜어 올려
    마치 증기를 뿜는 에트나 산 같네.

―찰스 램

그러나 연기는 곧바로 사라지는 허무함의 표상이기에 로버트 헤릭은 "여기서 나는 홀로/ 나 자신의 화신인 담뱃대를 들고 있었다/ 나는 금세 사라져 버리는 연기로 가득 찬/ 작은 진흙 조각에 지나지 않는다."고 노래합니다.

1805년에 첸콩이라는 중국 시인은 담배시가 대부분인 『연초보煙草譜』라는 자료집을 펴냈는데, 그 가운데 "희미한 연기와 옅은 구름이 퍼져 가네/ 한자리에 모인 친구들이 담뱃대를 돌리네/ 영원히 가능한 것도 영원히 가능하지 않은 것도 없음을 나는 아네/ 하지만 불과 재가 시간의 파편에 지나지 않는다고 생각하지 않네/ 언덕에 올라앉은 새벽은 불길한 습기를 쫓아 버리네/ 바나나 잎사귀가 스치는 창에 걸린 저녁은 내 상념을 돕네/ 단바구: 난 네 이름을 익히 알고 있지/ 불타서 소멸하는, 너만이 나의 스승."(〈왕루〉)이라는 시는 연기의 소멸성에서 생의 의미를 찾는 담배시라 하겠습니다.

키플링의 담배시에는 "여자는 여자일 뿐이지만 좋은 시가는 연기라네."라는 구절이 있습니다. 그렇지만 이 '여자'의 문제는 그리 간단치가 않습니다. 당연한 얘기지요. 왜냐하면 시인(남자)에게 있어 담배란 '여자'에 해당되기 때문입니다. "아름답고 고운 손으로/ 가끔 너의 손을 슬며시 잡을 때/ 열린 문으로 슬며시 들어오네/ 그에 따라 기억이 되살아나네/ 좋은 여송연 향기."(캐링턴)에서처럼 담배는 여성으로 의인화됩니다. 그런가 하면 "그녀의 아름다움이 변치 않게 하고/ 그녀의 숨결이 그대 숨결처럼 달콤하게 하고/ 내가 그녀에게 입 맞출 때/ 그대처럼 불타오르게 하면, 나는 더없이 행복하네."(익명시)와 같은 직설적인 여성화의 시도 있습니다. 이러한 현상은 흡연의 낭만성이 최고조에 오른 엘리자베스 시대의 전통으로부터 빚어진 시인의 유산이라 할 수 있습니다.

아, 그런데 벌써 글은 길어졌고, 남아 있는 자료들은 많으니 부득이 다음으로 넘겨야겠습니다. 한마디만 덧붙이겠습니다. 담배를 두고 서구에서는 '연기 술', 동양에서는 '연주煙酒'라고 한 것을 보면, 술의 취흥에 버금가는 연기에의 매료에서 담배의 문학성이 피어오르기 시작했나 봅니다.

그럼, 또….

2009. 5. 25

'담배와 시'에 대하여·2

시인의 꿈들이
피어오르는 연기 속에 있는 듯하네.

―찰스 루미스, 〈내 담배〉에서

담배와 시에 대한 이야기를 좀 더 해보고자 합니다. 내가 준비한 담배시 자료들을 보면, 아무래도 담배와 시의 연결고리는 '연기' 임에 틀림없습니다.

담배 연기라면 그 유명한 오페라 〈카르멘〉을 빼놓을 수 없지요. 오페라는 다음과 같은 여공들의 담배 연기 노래로 시작됩니다.

눈으로 쫓는다. 허공 중에
하늘로 떠오르는

담배 연기
떠오른다, 향기롭게 떠오른다
머릿속으로 부드럽게
떠오른다
그 연기가 당신의 영혼을
천천히 축제에 빠져들게 한다
연인들의 달콤한 말
그것이 연기다
연인들의 격정과 맹세
그것이 연기다

 무대는 담배 연기로 가득해집니다. 담배 연기는 아마도 인생과 사랑의 덧없음을 한껏 상징하는 것일 터입니다.
 시인들은 담배 연기에서 독특한 향기를 맡았습니다. 조선조 영조 때의 문인 이옥李鈺이 펴낸 『연경煙經』에는 임수간任守幹의 〈연다부煙茶賦〉라는 장문의 산문시가 실려 있는데, 거기에 "먹는 것은 다름 아닌 연기라네/ 그래서 이름하여 연다煙茶라 하지."라거나, "연기를 먹고 향기를 품어/ 내 자신을 고결하게 하려네/ 달구나, 향기와 맛이여!"와 같은 구절이 보입니다.
 많은 시인들이 담배 연기에 대한 시를 썼겠지만, 보들레르와 말라르메의 소작에는 미치지 못할 듯합니다.

나는 한 작가의 파이프라네
아비시니아 산産이건 카프린 산이건
내 얼굴을 자세히 들여다보면

주인이 대단한 애연가란 걸 알 수 있지

그이가 고통에 신음할 때
나는 연기를 뿜어 준다네
농부가 돌아올 즈음 음식을
준비하는 초가집처럼
―중략―
그래서 나는 커다란 위안을 피워 올리느니
그이의 마음을 매혹하며
지친 그이의 정신을 씻어 준다네.

―보들레르

동그랗게 피어올랐다가
뒤따르는 다른 도넛들에 지워지곤 하는 연기에 실어
우리가 천천히 내뿜는
그 오롯한 영혼은

교묘히 타 들어가는
어떤 시가의 존재를 말해 주나니
그 환한 불의 키스를 다한 채
차갑게 떨어져 내릴 때.

―말라르메

그렇습니다. 사교계의 필수품인 담배를 예찬하며 흡연 열풍을 선도한 것은 시인들이었습니다. 낭만주의 시대에 흡연 찬양의 선두에 나선 것은 바이런이었습니다. 『담배와 문명』의 저자 이언 게이틀리는 "지금까지 쓰여진 담배 찬양의 글 중 가장 뛰어난 다음의 작품이 발표되자 런던 시민들이 입에 시가를 물기 시작했다."고 썼습니다. 바이런의 그 작품은 다음과 같습니다.

> 동방에서 서양으로 전해진 고귀한 담배여!
> 뱃사람의 수고를 덜어 주고 술판의 휴식이 되는구나
> 이슬람 교도들이 긴 의자에서 보내는 시간이
> 아편과 부인에 못지않다
> 물가에서 더 사랑을 받는구나
> 수연통 속에서 신성하고 담뱃대 속에서 영광스럽구나
> 풍부하게 익은 호박을 끝에 달았더니
> 요염한 여자처럼 애무를 원하는 듯하구나
> 모두 차려입었을 때 더욱 아름답지만
> 너의 진정한 매력은
> 벌거벗은 아름다움이구나. 내게 시가를 다오!
>
> ―바이런

시대가 지나면서 여성들도 흡연에 참여하게 되었습니다. 흡연은 '신여성'의 상징이었던 것입니다. 이를 두고 근엄하기 비할 데 없는 엘리어트도 "낸시 엘리콧 양이 담배를 피웠다/ 그리고 모든 현대적인 춤을 추었다/ 낸시 이모들은 기분을 뭐라 설명하기 힘들었다/ 하지만 그것이 현대적이라는 것을 알았다."는 풍자시를 썼습니다. 당시 여성들에게 담뱃불은 '자유의 횃불'이었던 것입니다. 중국의 한 여류시인은 "이 긴 담배 파이프/ 너무 커서 화장대에 올려놓을 수 없네/ 파이프를 집어 들면 창호지를 찢으니,/ 달빛을 꿰어 낚아 들이네."와 같이 운치 있는 작품을 쓰기도 했습니다.

그러나 흡연이 예찬만 된 것은 아닙니다. 당연히 건강상의 문제점들이 일찍이 경계됨에 따라 금연의 갈등이 유발되어, 이에 여러 가지 다양한 반응이 나타났습니다. 다음은 그 갈등을 햄릿의 명대사인 "죽느냐, 사느냐? 그것이 문제로다."에 대입시킨 대표적인 시라 하겠습니다.

피울 것이냐 말 것이냐, 그것이 문제인가?
도덕적으로 볼 때
담배를 맛 좋은 친구로 간직해야 하는지,
아니면 사람들이 음흉하고 비굴하게 만드는 습관이라고 표현하듯
위험한 친구로 여기고 피해야 하는지,
어느 쪽이 더 값진 일일까….

—스목스피어

시인의 이름 자체가 스목스피어(Smokespeare), 곧 담배와 셰익스피어의 합성어인 점에서 패러디 시인의 면모가 돋보이기도 합니다.

기록에 의하면 영국에서 반흡연 시집 『굴뚝 청소부의 고충』이 출간된 것은 1602년이라고 합니다. 그중에는 "하지만 너 이교도의 우상,/ 아름다운 우리 해안에서 자라지 않는 황갈색 풀아,/ 악마와 그 일당이 보낸 너의 향기가/ 우리 씩씩한 사내들의 재치를 사라지게 만드는구나/ 너의 향기에 홀린 사제와 인디언 식인종들이/ 땅에 쓰러져 죽은 듯이 잠을 자는구나."와 같은 시구가 있습니다.

그렇다고 시인들의 흡연 예찬이 줄어든 것은 아닙니다. 찰스 램은

금연의 심정을 이혼에 비유하면서도 담배에 대한 사랑을 결사적으로 맹세합니다. "남자들이, 가장 사랑했던 것과／ 헤어질 수밖에 없을 때…．／ 마치 그것 때문에 죽을 것만 같은 기분,／ 어쩔 수 없이 이별하게 되더라도,／ 슬픈 이혼의 기억이 아니길／ 그대, 담배를 위해, 나는／ 죽지 않으리….'"

다음에 소개하는 시는 아마도 니코틴 중독자들이라면 쌍수를 들어 환영할 것입니다.

우리끼리 말이지만, 내 주치의는 너무 구식이야
사소한 즐거움에도 병리학적 꼬리표를 달아 놓지
조그만 악덕도 참아 주지 않고, 기분 나쁜 예언만 늘어 놓지
내가 그 지겨운, 이로운 식이법에서 벗어나기라도 하면

내 정신이 다 흩어지고, 기억은 사라지고, 신경조직이 손상되고,
손은 떨리고, 심장이 두근거리고,
소화기관에서 내가 먹는 빵과 버터를 거부한다는
무시무시한 경고는 상관없어

이 부드러운 아바나를 피울 때 재가 점점 길어지면,
나는 용기가 솟아나고 결심은 강해져….
난 담배를 피우겠어, 난 너를 예찬하겠어, 내 여송연, 나는 네게 불을 붙이겠어.
너를 반대하는 박식한 도덕가들이 쓴 담배 혐오 책자들이 판친다 해도.
　　　　　　　　　　　　　　—아더 W. 구룬디, 〈내 담배〉

사실 위의 시는 애연가들이 일반적으로 체험하는 금연에의 갈등이기도 합니다. 흡연자로서 금연을 생각해 보지 않은 사람은 드물 것입니다. 하다 못해 마크 트웨인은 "금연은 내가 겪은 일 중에서 가장 쉬운 일이었다. 나는 그것을 천 번이나 끊었음을 알아야 한다."고까지 했을까요.

공초 오상순의 〈애연소서愛煙小叙〉에는 다음과 같은 대목이 있습니다. "내가 싫어하는 글자로는 금연禁煙이라는 두 자다. 이 두 자를 볼 때는 무슨 송충이나 독사를 보는 것같이 소름이 끼친다." 한국의 애연가들에게 오상순은 흡연의 대부로서 마지막 보루가 아니었나 싶습니다.

> 파이프─집에서, 긴 의자에 앉아, 책을 읽을 때
> 여송연─친구들과 와자지껄 어울릴 때
> 하지만 궐련은 모든 거룩한 니코틴 종류 가운데서
> 가장 섬세하게 한 모금씩 빨아야 하는 것.
> ─하트, 〈시에서 풍기는 느낌: 비교〉에서

한국에서 파이프나 여송연을 피우는 모습은 쉽게 보기 어려운데, 나는 대학 시절 편운 조병화 시인이 파이프 담배에 불을 붙이고 연기를 뿜어내는 모습에서 시인만의 멋을 선망한 적이 있습니다. 개피 담배인 궐련과는 비교가 안 되지요. 그래도 김용호 시인은 "두 손가락에 끼어/ 삶과 죽음의 허무를 가르쳤다/ 두 입술에 물려/ 사랑과 미움의 갈등을 배웠다."고 노래했습니다.

사람이 경제적으로 풍요해지면 반드시 '건강'을 생각하게 되고, 그러자니 담배가 제1의 천적으로 등장했지요. 흡연자인 나도 담배의 유해성에는 공감합니다. 그렇다고 해서 담배가 오랜 세월에 걸쳐 문화예술에 남긴 업적까지를 부인해서는 안 될 것입니다. 담배가 없었더라면 오늘날 우리들이 감동을 받는 음악, 영화, 오페라, 그림, 시, 소설 등이 탄생될 수 없었을 것입니다.

따라서 두 차례에 걸친 '담배와 시'에 대한 글을 흡연 권장이나 금연 반대와 같은 현실적인 문제가 아니라, 시와 문학에 나타난 담배의 족적을 조감하고자 한 것인 바, 더 좋은 자료들을 찾아내지 못한 미흡함은 불문에 부쳐 주시기 바랍니다.

마지막으로 이 글을 씀에 있어 아래의 저서들을 참고했음을 밝혀 둡니다.

- 『담배와 문명』(이언 게이틀리 지음, 정성묵·이종찬 옮김, 몸과 마음)
- 『흡연의 문화사』(샌더 L. 길먼·저우 쉰 공저, 이수영 옮김, 이마고)
- 『프로이트와 담배』(필립 그랭베르 지음, 김용기 옮김, 뿌리와 이파리)
- 『연경, 담배의 모든 것』(이옥 지음, 안래희 옮김, 휴머니스트)

그럼, 또….

2009. 6. 25

늙은 시인으로부터의 편지 · 18

나의 인생 어록

게으른 사람이 늘 저녁 때 바쁘다고, 인생의 저녁 어스름을 맞고 보니, 여러 가지 할 일들이 밀려 있음을 깨닫게 됩니다. "우물쭈물하다가 내 이럴 줄 알았다."는 버나드 쇼의 묘비명이 바로 그러한 깨우침의 소산이 아닐까 합니다.

노년의 일은 한마디로 '정리'일 것입니다. 그 가운데서도 자신의 삶을 총정리하는 '자서전'은 문인이 아니더라도 의미 있는 삶을 산 사람이라면 누구나 한번쯤은 시도해 보고 싶은 일일 것입니다.

그동안 내가 감명 깊게 읽은 자서전 및 평전의 베스트 텐을 고른다면 다음과 같습니다.

1. 『파블로 네루다 자서전—사랑하고 노래하고 투쟁하다』(민음사)
2. 카사노바 자서전『불멸의 유혹』(휴먼 앤 북스)

3. 『보르헤스 문학 전기』(솔)

4. 『체 게바라 평전』(실천문학사)

5. 마르케스 자서전 『이야기하기 위해 살다』(민음사)

6. 『괴테 자서전—시와 진실』(민음사)

7. 거트루드 스타인 자서전 『길 잃은 세대를 위하여』(오테르)

8. 카잔차키스의 『영혼의 자서전』(열린 책들)

9. 만 레이 자서전 『나는 Dada다』(미메시스)

10. 시드니 셀던 자서전 『또 다른 나』(북앳북스)

위의 책들을 읽으며 나는 끊임없이 '나의 삶과 나의 문학'에 대해 생각을 했습니다. 그리고는 아무에게나 '천재'라는 대명사나 '위대한'이라는 관형사가 쓰이는 것이 아님을 점점 더 실감하게 되었습니다. 때로는 반성이 감동보다 아름다울 때가 있습니다.

그래서 이번 편지에는 그 반성의 내용들을 간추려 본다는 뜻으로, 그동안 나의 삶에서 얻어진 '인생 어록'을 정리해 보기로 했습니다. 사실 '나의 인생 어록'이라는 말도 어딘가 건방진 데가 있지요. 하지만 위의 저자들에 대한 선망과 질투를 화해시키기 위한 최선의 방법이라는 점만은 양해해 주시기 바랍니다. 졸저의 이곳저곳, 또는 일기장이나 비망록에서 무순으로 옮겨 적은 것들이니, '당신의 인생 어록'을 생각하면서 읽어 주시면 고맙겠습니다.

- 문학의 영원한 주제는 '인생'이고, 유일한 동사는 '사랑하다'이다.
- 우리는 책에서 배우지만, 그걸 쓴 사람은 자신의 삶에서 배운 것이다.
- 잊혀지는 것이 서글프거든, 네가 세상을 아주 잊어버려라.
- 봄은 그냥 기다리는 사람이 아니라, 겨울을 이겨 낸 사람에게 먼저

온다.
- 늙은 개가 나를 물끄러미 쳐다보는 것이 마치 "사람으로 사느라 참 고생이 많겠구나!" 하는 것 같다.
- 나는 '등等'에 포함되기를 절대 거부한다.
- 간밤의 술이 아직 깨지 않은 아침이다. 오, 해피 데이!
- 오래 사귀던 사람들은 하나씩 떠나가도, 오래된 책들은 끝까지 내 곁에 남아 있구나.
- 죽음은 언제나 1인칭이다. 아무리 많은 사람이 한꺼번에 죽어도, 그들 각자는 모두 1인칭의 삶을 죽는 것이다.
- 사람에게는 누구나 두 번의 생일이 있다. 첫 번째는 '아기'로 태어난 날. 두 번째는 '사람'으로 거듭 태어난 날. 그러나 두 번째 생일을 맞는 사람은 그리 많지 않다.
- 큰 산은 한 번에 다 볼 수 없다. 큰 사람은 한 번에 다 이해할 수 없다.
- 신이 없다 하더라도 인간에게 종교는 꼭 필요하다.
- 훌륭한 글을 쓸 수는 있다. 그러나 훌륭한 인생을 살기는 어렵고, 훌륭한 사람이 되기는 더 어렵다.
- 시계를 돌려 놓는다고 옛날이 되는 것은 아니다.
- 극적인 반전이 없는 인생은 삼류 드라마이다.
- 자살을 꿈꾸어 보지 않은 인생의 행복은 반감된다.
- 진정한 종교인은 신보다 먼저 사람을 더 사랑하리라.
- 대학자가 되려면 언제나 학생이어야 한다.
- 사회적으로 주목받지 못한 사람에게 주목받는 사람이 되지 말 것.
- 가정을 등한시할 만큼 유명인사도 못 되고, 가사에 전념할 정도의 무명인도 아닌 사람에게 고민이 더 많은 법이다.
- 많이 읽는다는 것은 더 많이 사는 것.

- 예술이 정치를 고발해야 하는 시대는 분명 난세다.
- 정상적인 인간이 위업을 남긴 예는 없다.
- 추억은 세월의 미라.
- 사람이 늙으면 어린애와 외로움을 잘 돌봐야 한다.
- 마음의 병을 잘 다스리면 철학서적 몇 권을 읽는 것보다 낫다.
- 신은 죽었다, 시는 죽었다, 도덕은 죽었다와 같은 사망 선언들은 사실 그 죽음의 주체에 굶주려 있다는 뜻이다.
- 흙으로 빚어진 인간이 빚은 최초의 책은 점토판이었다. 그래서 책은 제2의 인간이다.
- 술자리의 의사는 평범한 주객이지만, 중병으로 그의 병원에 입원을 하게 되면 구세주가 된다.
- 사과가 떨어지는 곳에 있다고 다 뉴턴이 되는 것은 아니다. 그렇다면 누가 과수원을 돌보겠는가.
- 책을 많이 읽는 서점 주인은 드물다.
- 인생의 여행길에서는 안내자보다 말동무가 더 필요하다.
- 유행가 한 가락에서 인생의 의미가 문득 되살아날 때, 그대의 인생도 가을에 이른 것이다.
- 학창 시절엔 방학이 짧고, 인생에서는 젊음이 짧은 법이다.
- 인생에 있어서 가장 불행한 것은 사랑 받지 못하는 어린애와 천대 받는 노인이다.
- 야구는 흔히 '투 아웃' 부터 시작된다고 말한다. 그러나 명심할 것, 인생은 '스리 아웃' 부터임을.
- 다른 사람을 따라서 춤을 추지 마라. 당신의 인생에는 당신만의 춤을 위한 당신만의 음악이 있어야 한다.
- 생각이 지나치면 기회를 잃고, 행동이 지나치면 목표를 잃는다.

- 요즘에는 새벽을 알려 주는 닭들이 없어지니까, 아무 때나 울어 대는 인간들이 판을 친다.
- 내가 이 세상의 중심이라고만 생각하는 사람은 끝내 변두리에서 방황하고 있는 자신을 발견하게 될 것이다.
- 함께 술을 마시자는 약속은 그렇듯 잘 지켜져도, 함께 술을 마시면서 한 약속은 그렇듯 잘 지켜지지 않는다.
- 인간이 아무리 미약한 존재일지라도 세상을 못 쓰게 만들 힘은 다 지니고 있다.
- 결점이 많은 인간일수록 자신의 하찮은 허물도 인정하지 않으려 한다.
- 앞만 보고 내닫는 사람은 절대로 길을 잃지 않는다. 그러나 낭떠러지로 추락할 수가 있다.
- 현실주의자는 말한다. "잊어버리도록 합시다."
 이기주의자는 말한다. "없던 일로 합시다."
- '명분' 을 내세우면 일이 잘못된 것이다.
- 한 권의 책을 엮을 수 없는 인생은 한낱 휴지덩이에 지나지 않는다.
- 어느 시대, 어느 사회에서나 최후의 로맨티스트보다는 최초의 리얼리스트로 사는 게 낫다.
- 낡을수록 좋은 것 네 가지. 술, 친구, 책, 아내.
- 철학자는 인생을 고뇌라고, 종교인은 죄라고, 시인은 꿈, 군인은 전투, 사업가는 돈, 정치가는 권력, 학자는 지식이라고 말한다. 그러나 어린이는 '놀이' 라고 생각한다.
- 젊은이들이여, 인생에 있어 외로움은 재산이 되고, 슬픔은 힘이 된다는 사실을 알라.
- 딸들이 성장하면 아버지는 늙은 연인 역을 맡아야 한다.
- 인생은 편도 여행이다. 과거로 돌아갈 수 있는 길은 오직 추억뿐.

- 진정한 인생 나그네는 길을 묻지 않는다.
- 폭풍을 거쳐 오지 않은 항해는 바다에 대한 무지無知만 가득 싣고 온다.
- 삶이 구겨지면 세상은 이미 파지破紙다.
- 떠나는 사람의 가장 무거운 보따리는 마음의 짐이다.
- 인생의 실패자는 최적격의 상담자.
- 시간이 빠르다고 생각되면 하루를 다 보낸 것이고, 세월이 빠르다고 느껴지면 인생을 거의 다 보낸 것이다.
- 자식들은 부모가 불쌍하다고 여겨질 때부터 어른이 된 것이다.
- 오래 살고 싶은가? 책을 읽어라.
  여러 번 살고 싶은가? 책을 읽어라.
- 자신이 가장 오해를 많이 받는 사람이라고 생각하는 사람일수록 인생을 가장 많이 오해하고 사는 사람이다.
- 눈을 감고 꿈만 꾸는 사람은 결국 인생의 장님이 된다.
- 세월이란 잊혀진 사람들의 공동묘지.
- 노년의 지혜란 젊은 시절의 과오에 대한 보상이다.
- 이 세상에는 두 종류의 인간이 있다.
  1억 원만 받으면 대신 감옥에 갈 사람과 1억 원을 내고 감옥에서 나왔으면 하는 사람.
- '너에게만' 하고 속삭이면, 천 개의 귀가 열린다.
- 자기 관리를 하지 못하는 사람은 세상도 관리를 해주지 않는다.
- 꿈을 꾸며 사는 사람의 나날은 언제나 창세기 제1장 제1절이다.
- 역사에 기록되기를 바라는 사람은 어떤 경우일지라도 진실 편에 서야 한다.
- 모든 인간은 두 종류로 나뉜다.
  어머니가 낳아 준 사람과 운명이 만들어 준 사람.

- 한 인간이 유명해지면, 사람은 사라지고 이름만 남는다.
- 악惡의 길에 들어선 사람은 언제나 명분이 뚜렷하다. 그러나 선善은 끝내 무언이다.
- 다른 사람을 감동시키려면, 감동을 받으며 성장해야 한다.
- 이 세상에는 어느 날 아침에 눈을 떠보니 유명해진 사람보다 유명해지고 싶어서 밤잠을 설치는 사람이 훨씬 더 많다.
- 청소년들의 음주·흡연은 아버지에 대한 반항이고, 그들의 가출은 어머니에 대한 원망이다.
- 그저 아름답게 살라고만 하는 사람은 술주정뱅이가 아니면 시인이다.
- 어린 시절에 장난감이 없던 어린이는, 성인이 되면 사람을 장난감처럼 주물러 고장을 낸다.
- 항상 아무 편에도 서지 않는 사람은 아무도 편들어 주지 않는다.
- 남을 웃게 하되, 웃음거리가 되지는 마라.
- 못된 습관을 가진 사람의 덕으로 사는 사람도 있다. 의사와 변호사.
- 대부분의 남자들은 'King of Kings'와 'King of Queens'를 동시에 꿈꾼다.
- 고뇌를 주식主食으로 하면, 간식으로는 반드시 술을 찾게 된다.
- 위대한 영혼은 고독의 산물이다.
- 홀로 서려는 사람이 가장 서글플 때는 누군가가 부축해 주려고 할 때이다.
- 홀로된 사람은 악마가 아니면 하느님과 함께 논다.
- 술주정뱅이라도 고성방가를 할 때, 개 한 마리라도 짖어 주지 않는다면 외로움을 느낀다.
- 사람으로 못할 잘못을 저지른 것은 사람의 말로 용서받을 수 없다.
- 살아 보라. 거지도 재수가 없는 날은 한꺼번에 먹을 것이 많이 생긴다.

- 사람에 대한 원망이 지나치면 하느님을 저주하게 되리라.
- 추억은 늙은 말처럼 언제나 옛 길로만 가려고 한다.
- 몸이 아프면 일기를 쓰고, 마음이 아프면 편지를 쓴다.
- 때린 자들은 영웅을 만들고, 맞은 자들은 종교를 만든다.
- 가장 유쾌한 복수는 묵살이고, 가장 따듯한 복수는 포용이며, 가장 아름다운 복수는 용서이고, 가장 완전한 복수는 망각이다.
- 행복한 사람 곁에서 불행을 느끼는 사람은 정말 불행한 사람이다.
- 밥은 돼지의 꿈, 꿈은 빈자의 밥.
- 진정한 부자란 다른 사람에게서 가져올 것이 없는 마음의 소유자다.
- 인간은 비행기 날개보다 천사의 날개를 먼저 만들었다. 우주인들보다 이태백이 훨씬 먼저 달나라에 갔다. 시인 만세!
- 돌을 빵으로 만드는 것은 손기술이 아니라 영혼의 갈망인 것이다.
- 성공한 자식보다 가출한 자식이 고향을 먼저 찾는다.
- 오늘날 한국 사회에 절실한 것은 한 방울도 나지 않는 석유보다 점점 고갈되어 가는 순수한 인성의 눈물이다.
- 백 번 듣는 것보다 한 번 보는 게 낫다고? 아니다. 백 번 보는 것보다 한 번 행하는 게 더 낫다. 아니다. 백 번 행하는 것보다 한 번 즐기는 게 훨씬 더 낫다.
- 민民이 잘못되면 가정이 망하고, 관官이 잘못되면 사회가 망하며, 군軍이 잘못되면 국가가 망한다.
- 옛날에는 산적들이 나타나 나그네로부터 금품을 뜯던 곳에, 지금은 톨게이트가 생겨 합법적으로 돈을 받아 내고 있다.
- 어린이를 사랑하는 것은 지난 시절의 자신을 위한 가장 아름다운 보상이다.
- 난세에는 유명인사가 안 된 것을 즐거움으로 누릴 줄 알고, 치세에

는 무명인으로 사는 기쁨을 맛볼 줄 알아야 한다.
- 정치가들은 말한다. "정치에는 적과 동지가 따로 없다."고. 그러나 나는 말한다. "정치엔 인간이 없다."고.
- "아니오!"라고 말하는 구성원이 적을수록 그 조직의 지도자가 맞이할 불운한 종말은 더욱 빨리 온다.
- 단 한 사람이라도 신이 있다고 믿는다면 신은 있는 것이다.
- 난세에는 현자와 격언이 생기고, 치세에는 우자와 사생아가 생긴다.
- 천사가 일단 땅에 내려오면, 그의 날개는 거추장스럽게 된다.
- 과학으로 입증할 수 없는 일에는 종교가 개입할 여지가 생긴다. 그리고 그 틈이 넓으면 미신의 발길도 들어선다.
- 꿈이 없는 국민은 과거지향적이기 마련이다.
- 에덴 동산은 아담과 이브의 '가정'이었다. 뱀이 등장함으로써 '사회'로 바뀌었다.
- 생존 문인의 '문학 전집'이 출간되는 나라가 또 있을까.
- 도시는 고향을 떠난 사람들이 만든다.
- 새들이 나는 것은 자유가 아니라 생존이다.
- 우리는 지금 노인들은 많아지지만 어른은 찾아보기 힘든 세상을 살고 있다.
- "휴가 다녀오셨습니까?"
  "휴가요? 내게는 지상에서 살고 있는 게 휴가지요."
- 진보주의자는 광장을 만들고, 보수주의자는 성을 만든다.
- 경제 발전이 이룩되면 거지들은 없어지지만, 그보다 더 많은 영혼의 걸인들이 나타난다.
- 국내에서는 양식·일식을 찾던 사람들이 어쩌다 해외에 나가면 한식을 안 준다고 투덜대다니!

- 현대인들이 되씹는 것은 껌밖에 없다.
- 대통령이 감기에 걸렸다고 온 국민이 기침을 할 필요가 있겠는가.
- 중국이 중흥하면 미국은 미치고, 일본은 일 저지르고, 소련은 소란스러워지고, 한국은 한스럽다.
- 사막에서 길을 잃으면, 사막 전체를 길로 삼아야 한다. 인생도 때로는 사막이다.
- 성공 신화는 실패 전서의 부록이다.
- 목마른 자에게는 유전이나 온천도 필요 없다. 작은 샘물이면 그만이다.
- 거지는 백만장자가 아니라, 자기보다 더 잘 얻어먹는 거지를 부러워해야 한다.
- 삶은 죽음의 내신 성적표다.

'나의 인생 어록'은 이쯤으로 일단락 짓겠습니다. 한 가지 고백할 것이 남아 있습니다. 당신도 "살고, 쓰고, 사랑했다."라는 스탕달의 묘비명을 아시겠지요. 나의 문학 생활에 가장 감명을 준 명언이지요. 어록의 중요성은 그 문맥상의 의미가 아니라, 그 의미의 진정성을 담보할 수 있는 삶과 작품의 질인 것입니다. 나의 어록들을 다 합쳐도 스탕달의 한마디에는 미치지 못하리라는 것이 나의 진심입니다.

그럼, 또….

2009. 7. 26

'시와 술'에 대하여 · 1

　이제 나는 당신을 시와 술의 연회장으로 초대하려고 합니다. 사실은 '담배와 시'보다 '시와 술'에 대한 얘기를 당연히 먼저 해야 했지요. 그런데 솔직하게 말해서, 그 자료들의 방만함 때문에 일단 뒤로 미뤘지요.
　사실 시와 술에 대해 말한다는 것은 곧 세계문화사를 논한다는 것입니다. 그걸 내가 어찌 감당하겠습니까. 그러나 시를 이야기하면서 '술'을 빼놓는다는 것은 되돌릴 수 없는 결례이자 과오라는 점에서, 우선 자료의 식탐은 삼가고, 나의 주량껏 취(取, 醉)하기로 했습니다. 그러하니 아주 편한 마음으로 읽어 주시고, 혹시 당신이 알고 있는 좋은 예시가 등장하지 않더라도 너무 괘념치 말아 주시기 바랍니다.
　그럼 먼저 술의 명시로 널리 알려진 W. B. 예이츠의 〈술노래〉로부터 얘기를 시작해 보겠습니다.

술은 입으로 들고
사랑은 눈으로 든다
우리가 늙어 죽기 전에
진실이라 깨달을 건 이것뿐
나는 내 입에 잔을 들고
그대를 바라보며 한숨 짓노라.

—예이츠, 〈술노래〉 전문

나는 술을 배우기 전인 고등학생 때 이 시를 접했습니다. 사춘기의 열병을 호되게 치른 뒷끝이라서 '사랑'에는 다소나마의 정서적 공감대가 형성될 수 있었지만, '술'은 전혀 그러하지 못했습니다. 때문에 술은 입으로, 사랑은 눈으로 든다는 것이 죽기 전에 깨달아야 할 유일한 진실이라는 말을 반신반의할 수밖에 없었습니다. 아니, 그래도 노벨문학상을 받은 대시인의 작품으로서는 너무나 평범하지 않느냐는 느낌이었습니다.

다만 "나는 내 입에 잔을 들고/ 그대를 바라보며 한숨 짓노라."라는 마지막 구절이, 당시 나의 시의 구세주였던 소월의 "나는 꽃과 술과를 바라보고는/ 그대를 위하여 탄식하노라."(〈봄바람〉)와 아주 유사하다는 점에서 그 위안을 받았습니다.

그 이후 술도 어지간히 마셨고, 사랑도 나눠 보았고, 이제 나이도 알맞게 늙고 보니, 예이츠의 〈지혜는 때와 더불어 오다〉라는 다른 시제목처럼, 진실은 어렵고 복잡한 것이 아니라 지극히 단순한 것이라는 깨달음을 얻게 되었습니다. 그래도 술잔을 들고 탄식할 대상이 있다면, 행복의 반은 아직 남아 있는 것이 아닐까요. 더 늙으면 술은 '눈'으로만 마셔야 하고, 사랑을 '입'으로만 되뇌게 될 때가 곧 올

테니까요. 그럴수록 〈술노래〉의 진실은 더욱 진실로 받아들이게 될 것입니다.

그런데 나의 진실을 한 가지 첨가하자면, '술은 마셔야 취하지만, 미인은 쳐다보기만 해도 취한다는 것' 입니다. 시와 술이라 하면 대부분의 한국인들은 아마도 박목월의 〈나그네〉를 떠올리지 않을까 합니다.

　　술 익는 마을마다
　　타는 저녁놀

　　　　　　　　　　　　　　　—박목월, 〈나그네〉에서

참으로 절구絶句지요. 그리고 그 율조, 그 서정적 색감, 그 자연친화성에서 아주 한국적이지요. '술'로부터 "타는 저녁놀"에 이르는 이미지 변성에는, 술을 '물+불'로 상정한 바슐라르의 몽상시학이 관계되지만, 이들에 대해서는 졸저 『무의식의 수사학』을 참조해 주셨으면 합니다.

술의 연회장에 주신 디오니소스를 초대하지 않는다면 그의 노여움을 살 것입니다. "시는 악마의 술"(아우구스티누스)이라는 말을 "술은 악마의 시"라고 패러디할 때, 거기에는 언뜻 주신제의 광란이 엿보입니다. 그리고 그 광란의 속성들을 열거하자면 다음의 세목들이 될 것입니다.

아 교활한 술이여!
인간은 술의 효과를 상상하고 그려내는 데 여전히 몰두하고 있다.

기쁨,
자유, 고통,
안심, 욕망,
꿈,
광기,
위대함, 신비
로움
수치심, 고독감, 빈곤, 위
반, 애인, 홍분, 발현, 열정과 망각, 우정,
사랑, 눈물, 깨어진 꿈, 분노, 성性, 숭고함, 피와 눈물,
시간의 파괴, 세계 정복, 자비로움, 짐승만도 못함, 낮과 밤, 다시
찾은 유년기, 순진함, 승화, 영감靈感, 내부로부터 들려오는 음악 소
리, 다시 체험하는 열반, 새로워진 세계, 여명과 석양, 죽음과 삶, 말,
꾸며진 말들, 협력, 영원한 박애정신, 가벼움, 힘, 믿음, 존재의 쾌활함,
신과의 근접, 생생한 엔트로피, 악마와의 사귐, 힘과 영광, 파멸, 풍요,
다시 새로워짐, 정말 중요한 것, 추잡한 잔치, 완벽한 혼란, 천사의
어루만짐, 초자아의 해체, 거리낌 없이 저지르는 범죄, 균열, 이중
생활, 영성체, 희망, 환상, 자신의 발견, 만남, 초월, 하늘빛,

—작자 미상, 〈술〉, 『알코올의 야누스적 문화』(남태우 편저, 창조문화)에서 인용

"지금은 취해야 할 시간이다! '시간'에 괴롭힘 당하는 노예가 되지 않으려면 끊임없이 취해 있어라!"라는 명령을 내린 보들레르는 술을 '식물성의 신의 음식'으로 규정하고, "나는 영원히 씨를 뿌리는 사람이 뿌린 귀중한 낱알이다."라고 했고, 콕토는 "지하실 한 구

석에/ 술병들이 서로 기대어 잠들고 있다/ 주신제 날 밤에/ 사람들이 깨뜨려 주기를 기다리며."라고 읊었으며, 로버트 번즈는 "다른 시인들과 함께 시끄럽게 떠들자/ 포도와 포도주와 술주정뱅이 바카스에 대해서."라고 노래했습니다. 모두 디오니소스(바카스)에 대한 시들이지요. 괴테까지도 "술을 마시고 있는 사람은 그가 누구든/ 신의 눈을 아주 맑은 눈으로/ 쳐다보고 있는 사람이다."라고 거듭합니다. "내가 술인지/ 술이 나인지/ 거인이 된 것처럼"(정훈) 마셔 대는 시인들은 모두 디오니소스의 신자들이라 할 수 있지요. 그중에서도 가장 충실했던 신자들의 명단은 다음과 같습니다.

호메로스─플라톤
오마르 하이얌
라블레─비옹
랑두지 교수
알렉산더 플레밍
알프레드 드 뮈세─구약
성서와 전도서─리슐리외
에피쿠로스─다이안 백작부인─엥겔
탈무드─폴 클로델─조르주 뒤아멜─에스탕
오비디우스─프레데리크 미스트랄─몽타니에─파스킨
장 자크 루소─볼테르─마 돌─위스망스─가스통 바슐라르
호라티우스─셰익스피어─실러─페트로니우스─프로페티우스
롱사르─피에르 장 드 베랑제─빅토르 위고─아라비안 나이트
보들레르─랭보─아나톨 프랑스─에디슨─톨스토이─괴테
하우프트만─도스토예프스키─헤밍웨이─몽테스키외
모리스 바레스─베를렌─생장 들라크루아
빌라의 성녀 테레사─성경─코란
에밀 졸라─피츠제럴드─말콤 로리
호프만─잭 런던

이 술병 형태의 리스트 역시 앞에서 소개한 책에서 인용한 것입니다. 그런데 이태백, 두보, 도연명, 백거이나 김삿갓, 김소월 등의 이름이 보이지 않아 유감입니다.

문득 술을 소재로 한 그림, 소설, 영화, 오페라 등에 관한 글도 흥미로운 읽을거리가 될 성싶다는 생각이 들었습니다. 술자리에는 으레 노래가 따르게 마련이어서, 오페라를 예로 들 것 같으면, "마셔요, 마십시다!/ 자, 축배를 듭시다/ 젊은이들이 연인과 절대 헤어지지 않기를!/ 건배! 건배! 건배!/ 모든 진정한 연인들이 사랑하는 이를 경배하게 하라!"는 알트 하이델베르크의 〈황태자의 첫사랑〉에 나오는 '건배! 건배! 건배!'를 필두로, 베르디의 〈라 트라비아타〉 중 '축배의 노래', 〈리골레토〉 중 '여자의 마음', 〈오셀로〉 중 '축배의 노래', 마스카니의 〈카발레리아 루스티카나〉 중 '거품아, 오래도록 일어라', 요한 스트라우스의 〈박쥐〉 중 '샴페인의 노래', 비제의 〈카르멘〉 중 '투우사의 노래', 그리고 스메타나의 〈팔려 간 신부〉 중 '맥주는 하늘이 내린 선물이야' 등을 예로 들 수 있겠습니다.

이 대목에서 떠오르는 것이 한국과 중국의 '장진주가將進酒歌' 시편들입니다. '장진주'란 일종의 권주가로 이에는 이태백과 이하李賀의 소작들을 비롯하여, 이규보·정철·정수강·홍유손·신흠·이행·성현·김인후 등의 한시들이 전해지고 있습니다.

이들 '장진주' 시가들은 대부분이 인생의 허무함에 뿌리를 내리고 있어, "하물며 무덤 위에 잔나비 휘파람 불 때에야 뉘우친들 어찌하리."(정철), "죽고 나면 한잔 술을 서로 주고받을 수 없다네."(정수강), "오직 술을 마셨던 사람들만이 그 이름을 남기고 있네."(이태백), "술이 유령의 무덤 위 흙에까지 이르지는 못한다네."(이하, 이규보)와 같이 죽음의 그림자를 거느리고 있습니다. 도연명이 술을 '망

우물忘憂物'이라 했듯, 인생의 덧없음을 술로 위안 삼은 것이지요.
 키츠는 술을 "시의 샘물", 소식蘇軾은 "시를 낚는 갈고리"라 했고, 소동파는 "문장은 본래 하늘이 이룬 것이지만, 술은 마심으로써 스스로 그것을 얻는다."라고 했습니다. 그렇다면 한국의 옛 시인들은 술과 시에 대해 어떤 노래들을 남겼을까요.

 혼자 술잔을 기울이는 것은 무슨 일 때문일까?
 시상詩想을 술로 찾으려 해서이네.
 —정남수, 〈독작獨酌〉에서

 술이 없으면 시도 무의미하고
 시가 없는 술은 물리쳐도 무방하지.
 —이규보, 〈우음偶吟〉에서

 나그네 길에 봄바람이 흥을 불러일으키니
 좋은 곳 만날 적마다 술잔을 기울이네
 집에 가면 돈 다 썼다 수상히 생각지 마라,
 주머니에 새로운 시 가득히 남아 있네.
 —정몽주, 〈음주〉 전문

 술이 있으면 근심은 이내 깨어지고
 시 없으면 말로는 잘 표현할 수 없네
 백 년 동안 언제나 취하길 원하노니
 짧은 율시律詩, 네가 내 벗이 되어 다오.
 —김시습, 〈야음夜吟〉에서

술은 하루도 없어서는 안 되고
시는 하루도 쉬어서는 안 되네
―중략―
술에는 광狂이 있고 시에는 마魔가 있어
예법인들 제 감히 귀찮게 간섭하지 못하리라.
―이색, 〈시주가詩酒歌〉에서

　시는 곧 술이요, 술은 시가 되는 우리 옛 시인들의 노래들을 보노라니 한국 시인만 한 디오니소스의 출중한 문하생들도 없을 듯합니다. 안타까운 것은 그들의 술노래들을 일일이 소개할 수 없다는 것이지요. 그래서 아쉬운 대로 시조를 중심으로 몇몇 작품들을 여기 옮겨 볼까 합니다.

청초 우거진 골에 자는다 누웠는다
홍안은 어디 두고 백골만 묻혔는다
잔 잡아 권할 이 없으니 그를 슬퍼하노라.
―임제

자네 집에 술 익거든 부디 날 부르시소
내 집에 꽃 피거든 나도 자네 청해 옴세
백년 덧시름 없을 일을 의논코자 하노라.
―김육

술도 먹으려니와 덕德 없으면 난亂하나니
춤도 추려니와 예禮 없으면 잡雜 되나니

아마도 덕례德禮를 지키면 만수무강하리라.

—윤선도

꽃 피면 달 생각하고 달 밝으면 술 생각하고
꽃 피자 달 밝자 술 얻으면 벗 생각하네
언제면 꽃 아래 벗 다리고 완월장취玩月長醉하려노.

—이정보

  우리 문학사에는 위의 예시들처럼 벗과 잔을 나누고, 자연을 즐기며, 인생의 시름을 달래는 술노래들이 정말로 무궁무진합니다.
  그 가운데는 임제의 "술맛이 달짝지근해지면 벼슬맛은 싸늘해지네."와 같은 현실 비판의 풍자시도 있지만, 다음과 같은 청빈한 주사酒士들의 습벽도 보입니다.

오늘은 술병이 말랐다고 국화꽃에서 웃음을 살까 봐
책을 잡히고 또 옷을 잡혀서 술을 사오게 했어라.

—신위, 〈국화〉에서

탁주 한잔 보내 주는 사람 없어
마음 적적하기 참선 즐기는 것 같네
어떻게 책을 다 몽땅 집어 팔아서
터 잡고 집 옮겨 주천에 가서 살 수 없을까!

—김시습, 〈무주無酒〉에서

목로집에서 연엽주를 마시고 있는데

문 밖에선 얼룩말이 목쉰 소리로 울고 있네
쾌활하게 웃으며 청춘을 즐기고저
금 채찍을 저당 잡혀 술값을 치르네.
—이덕무, 〈소년행〉 전문

앞의 지문에서 예거한 풍류시인 임제는 "관청의 술을 실컷 마시고서/ 말을 타고 백사장을 달려 보았네/ 강산이 이렇게도 아름다우니/ 의자왕에게 어찌 죄가 있으랴."라고 읊었으니, 우리 옛 시인들의 술 사랑은 정말 알아 주어야 할 것입니다. 그 가운데는 "천 리 길을 지팡이 하나에 의지하니/ 남은 엽전 일곱 닢은 오히려 많은 편/ 주머니에 깊이깊이 있어 달라 경계해 왔는데/ 석양에 주막에서 술을 보니 어쩌랴."며, '술 한 잔에 시 한 수'로 전국을 떠돈 방랑시인 김삿갓[金笠, 金炳淵]도 있지만, 뭐니 뭐니 해도 조선의 이백이라 일컬어진 이규보를 빼놓을 수는 없을 것입니다. 여기 그의 술노래 몇 편을 소개합니다.

두 사람(유령과 이백)을 나는 본받으려 하므로
그들을 만나 보기가 소원이라네
어느 곳에서 그들을 만나
이 술 한잔을 권할 수 있으랴.
—〈제유령이백권주도題劉伶李白勸酒圖〉에서

술은 시흥을 돋우는 날개이고
꽃은 아름다운 기녀의 정신인데
오늘 다행히 둘 모두 만났으니

귀인처럼 하늘에 오르리라.

―〈화주花酒〉 전문

옛 무덤 새 무덤 서로 이웃하고 있는데
평생 술에 취해 쓰러졌던 사람 몇몇이뇨
오늘 자손들이 다투어 술을 올리지만
한 방울인들 어찌 입술을 적실 수 있으랴.

―〈단오곽외유감端午郭外有感〉에서

병중에도 오히려 술을 사양 못하니
죽는 날에 가서야 비로소 술잔을 놓으리라
깨어서 살아간들 무슨 재미랴
취하다 죽는 것이 진실로 좋을시고.

―〈명일우작明日又作〉 전문

주정꾼이라고 나무라는 소리 듣기 싫어
요사이 덜 마시니 탈은 없지만
다만 붓을 잡고 시를 읊을 때에는
날개가 꺾인 듯하여 높이 날지 못하겠네.

―〈성주省酒〉 전문

나는 지금까지 비빔밥 식으로 술노래들을 소개했습니다. 이 글을 쓰는 동안 나의 뇌리에서는 이백이 떠나지 않았습니다. 시와 술이라고 하면 응당 그를 먼저 내세워야겠지요. 그러나 우리 옛 시인들부터 소개하고, 다른 중국 시인들의 작품과 함께 다음 편지의 주제로 삼으려고 미룬 것이니 그리 알아 주시기 바랍니다.

  그럼, 또⋯.

2009. 8. 23

늙은 시인으로부터의 편지 · 20

'시와 술'에 대하여 · 2

'시와 술'에 대한 얘기를 계속하겠습니다. 이번 글에서는 앞에서 말씀드린 대로 이백을 중심으로 한 중국 시인들 얘기에 한국 현대시인들의 술노래를 더해 보려고 합니다.

그런데, 술과 시라고 하면 세계문학사상 빼놓을 수 없는 시집 한 권이 있습니다. 바로 페르시아 시인 오마르 카이얌(Omar Khayyam)의 『루바이야트(The Rubaiyat)』이지요. 원래는 11세기의 작품이지만, 19세기에 영국의 피츠제럴드가 번역·소개하여 유명해진 시집입니다.

1천 편에 달하는 원작 가운데서 101편만을 가려 뽑은 피츠제럴드의 『루바이야트』에는 30여 편의 술노래가 있습니다. 서시격인 작품 1번 다음의 2번부터가 술노래이고, 마지막 101번도 술노래인 점에서 『루바이야트』는 단연 독보적인 술시집이라 하겠습니다. 여기 몇 편을 소개합니다.

12.
시집 한 권, 빵 한 덩이, 포도주 한 병,
나무 그늘 아래서 벗 삼으리
그대 또한 내 곁에서 노래를 하니
오, 황야도 천국이나 다름없어라.

30.
어디서 왔는가, 어디로 가나?
부질없는 것일랑 듣지 말게나
한 잔, 또 한 잔, 금단의 술
덧없는 인생을 잊게 해주리.

56.
생사의 갈림이야 수학으로 풀어 보고
인간의 영고성쇠榮枯盛衰 논리로써 따지거나
헤아려 보고자 한 모든 것 중에서
깊은 이치 터득한 건 술의 묘미뿐이로다.

59.
포도주는 전대 논리— 그 앞에선
그 많은 세상 교파 무안 당하네
포도주는 최고의 연금술사, 잠깐 사이
납덩이 인생을 황금으로 바꾸누나.

91.
죽어 가는 이 내 몸에 포도주를 먹여 주오
목숨 다한 이 내 몸을 포도주로 씻겨 주오
싱싱한 포도잎 감싼 이 몸을
사람들이 왕래하는 정원에 묻어 주오.

대부분의 술노래는 도취에 의한 현실의 망각과 인생의 덧없음에 대한 위무로 이뤄지는데, 오마르 카이얌이 모든 인간사 가운데서 "깊은 이치 터득한 건 술의 묘미뿐"이라고 한 것이나, 예이츠의 "술은 입으로 들고/ 사랑은 눈으로 든다/ 우리가 늙어 죽기 전에/ 진실이라 깨달을 건 이것뿐"이라는 깨우침에는 공통점이 엿보입니다.

자, 그럼 중국 시인들의 술노래들을 살펴보기로 하겠습니다. 소월은 〈술과 밥〉이라는 시에서 "못 먹어 아니 죽는 술이로다/ 안 먹고는 못 사는 밥이로다/ 별別하다 이 세상아 모를리라/ 술을 좀 답지 않게 못 여길까."라고 노래했지만, 중국에서는 예로부터 "문반시주文飯詩酒(문장은 밥, 시는 술)"라 하여, 이백의 시는 술, 두보의 시는 밥으로 여겼습니다.

그래서인지 두보는 자신을 제외하고 하지장賀知章, 여양汝陽, 이적지李適之, 최종지崔宗之, 소진蘇晉, 이백, 장욱張旭, 초수蕉邃를 술의 8신선으로 삼고 〈음중팔선가飮中八仙歌〉를 썼는데, 바로 그 시에서 이백에 대해서 다음과 같이 노래했습니다.

이백은 한 말 술에 시 백 편을 짓는 솜씨인데
장안 저잣거리 술집에서 곯아떨어지기도 하고
천자께서 불러도 배에 오르지 않으면서

스스로 일컫기를 '신은 주중선' 이라 하였네.

　이백은 자신을 주중선酒中仙이라 한 데 비해, 하지장은 이백을 '적선인謫仙人(귀양 온 신선)' 이라 했고, 백낙천은 스스로 '취음선생醉吟先生' 이라 했지만, 흔히 도연명은 '술의 성인', 소동파는 '술의 친구', 육방옹陸放翁은 '술 미치광이', 유령劉伶은 '술귀신' 으로 통합니다.
　김삿갓의 "술 한 잔에 시 한 수"와 이백의 "한 말의 술에 시 백 편" 이 은근히 상통되기도 하지만, 이백만이 시선詩仙·주선酒仙으로 불리운다는 점에서 그는 단연 독보적인 존재입니다.
　그러나 3백 편 가까이 되는 그의 술노래에 대해 어찌 다 논급할 수 있겠습니까. 그래서 이백을 시선의 경지에 올려놓았다는 〈월하독작月下獨酌〉의 둘째 수만을 여기 옮겨 소개하겠습니다.

　　하늘이 만약 술을 사랑하지 않았다면
　　하늘에 주성이란 별이 있을 턱이 없고
　　땅이 만약 술을 사랑하지 않았다면
　　땅에도 주천이란 샘이 있지 않았으리라
　　하늘과 땅이 이미 술을 사랑하였으니
　　술을 좋아해도 하늘에 부끄러울 것이 있겠는가
　　내 들으니 술기운이 맑으면 성인이라 하고
　　또 술기운이 탁하면 현인이라고 하였다네
　　성인과 현인과 같은 술을 이미 마셨거늘
　　어찌 구태여 신선 되기를 구하겠는가
　　석 잔 술을 마시고 대도를 통달하였고
　　한 말 술을 마시고는 자연과 하나 되었네

다만 취중에만 얻을 수 있는 흥취이니
깨어 있는 사람에게는 전하지 말지어다.

역시 이백은 속세와는 절연된 신선의 경지입니다. 그래서 그는 "취해서 빈 산에 누우면/ 천지가 곧 금침"(〈우인회숙友人會宿〉)이라고 했습니다. 사실 〈춘향전〉에 나오는 "금잔의 값진 술은 천 사람의 피요/ 옥쟁반 맛진 안주는 만 백성의 기름이라[金樽美酒千人血 玉盤佳肴萬姓膏]."는 구절은 이백의 "금잔의 맑은 술 한 말은 십천 전이요/ 옥쟁반의 진한 안주는 그 값이 만 전이라[金樽淸酒斗十千 玉盤珍羞値萬錢]."의 패러디라 할 수 있습니다.

이백의 술노래가 자연 동화의 낙천성을 보인다면, 두보의 그것은 현실의 염세성에 뿌리를 내리고 있습니다.

조정에서 나와선 나날이 봄옷 잡히고
매일처럼 곡강에 가서 술에 취해 돌아오네
외상 술값은 가는 곳마다 쌓여 있고
인생에서 칠십 세는 예로부터 드물레라.

—두보, 〈곡강曲江〉에서

'인생칠십고래희人生七十古來稀'라는 구절로부터 70세를 '고희古稀'라 칭하게 되었던 바, 술로 말미암아 빚쟁이 생활을 하게 된 두보가 어두운 시들을 쓰게 된 사연도 술로 위로할 수밖에 없을 성싶습니다.

〈귀거래사〉의 도연명은 〈음주 20수〉에서 "우주는 어찌 그리 유구한가/ 백 년에 이르지 못하는 인생인 것을" 술로 달랬고, '취음선생' 백낙천은 "늘 술에 취해 돌아 버리고 했던 내가/ 지금은 취하면 슬퍼

하는 사내가 되어 버린 것"을 한탄했습니다.

다른 나라와는 달리 중국 시인들의 술노래를 살핀다는 것은 곧 중국문학사를 섭렵한다는 의미가 있습니다. 더 이상의 언급은 지면상으로도 제약을 받기에 여기서 끝내고, 마지막으로 한국 현대시의 술노래에 눈길을 돌려 볼까 합니다.

먼저 한국의 술노래는 전통적으로 서구적인 도취의 열광이 아니라, 인생의 덧없음에 대한 애환이 그 주조를 이루는 듯합니다. 따라서 술과 시라고 하면 으레 목월의 "술 익는 마을마다/ 타는 저녁놀"을 배경 삼아 떠도는 〈나그네〉와 "한잔의 술을 마시고/ 우리는 버지니아 울프의 생애와/ 목마를 타고 떠난 숙녀의 옷자락을 이야기한다"(박인환, 〈목마와 숙녀〉)는 애상에 잠기게 됩니다.

나는 사적으로 목월의 〈나그네〉를 읽으면 "섣달 그믐밤/ 외딴 주막 지붕 위엔/ 눈이 내려 쌓이는데/ 술 안 취해 가는/ 아 아 보헤미안."(김옥기, 〈보헤미안〉)이 연상되고, 〈목마와 숙녀〉의 마지막 구절인 "가을 바람 소리는/ 내 쓰러진 술병 속에서 목메어 우는데"에서는 "이 세상/ 모든 것들이 모두 잠든/ 밤/ 너 홀로 세워 두기/ 너무 쓸쓸해/ 오늘도/ 너를/ 누인다."(이숙희, 〈술병〉)는 술시들이 떠오르곤 합니다.

    나그네 주인主人이여
    평안하신고
    곁에 앉힌 술단지
    그럴 법 허이
    한 잔 가득 부어서
    이리 보내게

한 잔 한 잔 또 한 잔
저 달 마시자
오늘 해도 저물고
갈 길은 머네
꿈같은 나그넷길
멀기도 허이!

—오상순, 〈한 잔 술〉 첫 연

한국 현대시 최초의 술노래라 할 수 있는 이 시도 '나그네' 의식의 소산입니다. 다섯 연으로 된 이 〈한 잔 술〉은 모두 "꿈같은 나그넷길/ 멀기도 허이!"로 끝납니다. 그 인생의 나그넷길에서 '주막'이란 시인들의 유일한 휴식처일 터입니다.

어디든 멀찍감치 통한다는
길 옆
주막

그
수 없이 입술이 닿은
이 빠진 낡은 사발에
나도 입술을 댄다.

—김용호, 〈주막에서〉에서

주막의 현대판은 필시 포장마차일 것입니다. 시인은 "한 평도 채 안 되는 흔들리는 자리지만/ 어느 부호의 호화 유람선인들 이보다 더하며/ 대륙을 정복한 대왕의 황금마차와 바꿀 수 있으랴."(김석규, 〈포장술집〉)며, 술꾼의 허풍 같은 과장법을 즐깁니다. 그러나 그렇듯 낭만성의 술집만 있는 것이 아닙니다.

일찍이 권일송은 "이 땅은 나를 술 마시게 한다."고 규탄했지만, 황지우는 "어느 날 나는 흐린 주점에 앉아 있을 거다/ 완전히 늙어서 편안해진 기죽부대를 걸치고/ 등 뒤로 시끄러운 잡담을 담담하게 들려주면서/ 먼 눈으로 술잔의 수위水位만을 아깝게 바라볼 것이다∥ 문제는 그런 아름다운 폐인廢人을 내 자신이 견딜 수 있는가, 이리라."며 군정 치하에서 받은 고문을 떠올리고, "증오의 힘으로 시를 썼다."고 토로했습니다.

그러나 "지구는 세계 어디서나 술집에서 하나가 된다."(조병화)는 말처럼, 한국 시인의 주점은 서민적 애환의 공동체처럼 사랑을 받아왔습니다.

    우리는 협동조합 방앗간 뒷방에 모여
    묵내기 화투를 치고
    내일은 장날, 장꾼들은 와자지껄
    주막집 뜰에서 눈을 턴다
    들과 산은 온통 새하얗구나. 눈은
    펑펑 쏟아지는데
    쌀값 비료값 얘기가 나오고
    선생이 된 면장 딸 얘기가 나오고
    서울로 식모살이 간 분이는
    아기를 뱄다더라. 어떡헐거나
    술에라도 취해 볼거나. 술집 색시

싸구려 분 냄새라도 맡아 볼거나
우리의 슬픔을 아는 것은 우리뿐.

―신경림, 〈겨울밤〉에서

이게 바로 우리네 술집의 원형이지요. 거기에 "자는 마누라 지갑 뒤져/ 백오십 원 훔쳐/ 아침 해장으로 간다/ 막걸리 한 잔 내 속을 지지면/ 어찌 이리도 기분이 좋으냐!"(천상병, 〈비 오는 날〉)며 웃는 사람도 있고, "니/ 주머니 든든하면/ 날/ 술 한잔 받아 주고/ 내/ 돈 있으면/ 니 한잔 또 사 주고/ 너도 내요 그럴게 뭐꼬/ 거물거물 서산에 해 지면/ 자네들/ 지고 갈래, 안고 갈래."(박목월, 〈한탄조〉)라며 안위 삼는 사람도, "선운사 동백꽃을 보러 갔더니/ 동백꽃은 아직 일러 피지 않고/ 막걸리 집 여자의 육자배기 가락에/ 작년 것만 향기로 남았읍데다/ 그것은 목이 쉬어 남았읍데다."(서정주, 〈선운사 동구에서〉)며 능청떠는 사람도, "한 잔을 마시면 순한 아기가 되어/ 잠들고 싶고요// 두 잔을 마시면 고운 새가 되어/ 노래하고 싶고요// 세 잔을 마시면 버림받은 아이가 되어/ 울고 싶어요."(나태주, 〈술〉) 하며 흐느끼는 사람도 있게 마련입니다. 물론 그중에는 '바다와 섬과 남자와 칼과 절망과 죽음'이라는 〈술 마시는 여자〉(김여정)도 있습니다.

그러나 술노래라고 해서 즉물적으로 술만을 노래하는 것은 아닙니다. 다음의 두 예시는 그런 의미에서 별미를 느끼실 것입니다.

「어디를 가십니까?」
「노타이」 청년의 대수롭잖은 인사에도
포도주처럼 흥분함은
무슨 까닭입니까

머지않아 아가씨 가슴에도
누가 산도야지를 놓겠구려.

─노천명, 〈조춘早春〉 전문

술에 취한 섬
물을 베고 잔다
파도가 흔들어도
그대로 잔다.

─이생진, 〈낮잠〉 전문

그 비유들이 재미있지 않습니까. 시는 그렇듯 잘 빗대어 한 말입니다. 술로 생명을 불사른 수많은 시인들의 넋을 기리면서 이 글을 썼습니다. 적지 않은 자료들을 참고로 했지만, 『알코올의 야누스적 문화』(남태우 편저, 창조문화)와 『술』1·2권(이상희 지음, 도서출판 선), 그리고 『루바이야트』(피츠제럴드 편저, 이상옥 옮김, 민음사)에 큰 도움을 받았습니다. 특히 '한국의 술문화'를 주제로 한 『술』1·2권은 중국까지 포함한 인문학적인 대저로서, 그 방대한 자료의 수집·활용에 놀라움을 금할 수 없었습니다.

이제 가을이 깊어 갑니다. 독서의 계절에 오히려 책이 덜 읽힌다고 합니다. '가을'보다 더 좋은 책이 없기 때문이 아닐까요. 시인이라면 누구보다 '가을'의 애독자가 되어야 하겠습니다

그럼, 또….

2009. 9. 24

늙은 시인으로부터의 편지 · 21

문인들의 묘비명

꽃이 봄의 인사장이라면 낙엽은 가을의 초대장이지요. 아침저녁으로 앞마당의 낙엽을 쓸면서 시적 상념보다는 현실적인 세월의 무상함에 젖어 들곤 합니다.

'시인'이 되고 싶다는 유일한 꿈에 사로잡혀 있던 학창 시절, 그 꿈을 더욱 부풀게 한 것이 있었으니 바로 스탕달과 키츠의 묘비명이었습니다.

살고 쓰고 사랑했다.

―스탕달

흘러가는 물 위에 자기 이름을 쓰려고 한 자 여기 누웠노라.

―키츠

그렇지 않아도 건강이 좋지 않아 죽음 의식에 빠져 있던 나에게 이들 묘비명은 웬만한 위안이 아니었습니다. 스탕달의 묘비명이 문학 인생의 핵심을 소설가적 구성력으로 압축시켰다면, 키츠의 묘비명은 시인적 낭만성으로 짧은 생의 허무함을 여실히 부각시킨 것이었습니다.

그 후 이 책 저 책을 뒤지며 묘비명 자료들을 모아 보기도 했습니다. 그 가운데서 문인들의 묘비명만 간추려 얘기를 해볼까 합니다.

묘비명은 원래 고대 이집트 때부터 시작되었다고 합니다. 그런데 그 원형은 이행시二行詩였다고 하며, 다음과 같은 예가 대표적인 묘비명으로 전해지고 있습니다.

스파르타인에게 가서 말하라, 길손이여.
그들의 법에 복종한 우리들 여기 누웠노라고.
―테르모필레

위의 묘비명에는 두 가지 전형적인 어구가 포함되어 있습니다. 그 하나는 '길손이여'라는 호칭이고, 또 하나는 '여기 누웠노라'라는 종결 구문입니다. 이로부터 '지나가는 자여', '나그네여', '말 탄 자여'와 같은 호칭들이나, '여기 잠들다', '여기 누워 잠들다'와 같은 종결 문구가 다수 등장하게 됩니다. "삶과 죽음을 냉정히 바라보라/ 말 탄 자여, 지나가라!"(예이츠)나 "어느 독일 시인이 이곳에 잠들다."(하이네)와 같은 예가 그것입니다.

이와 같은 전형적인 문구들이 공통적으로 쓰이는 예가 너무 많아서 로마 시대에는 이를 아예 라틴어 이니셜로 표기했다고 하는데, 이에는 "NF. F. NS. NC."(나는 없었다. 나는 있었다. 나는 없다. 나는 신경쓰지 않는다) 등이 있습니다.

　대부분의 문인들은 생전에 자신의 묘비명을 마련해 둡니다. 특히 시인들이 그러합니다. 이는 묘비명의 원형이 이행시였다는 점과 시적인 비유가 인생을 압축·표현해 내는 데 월등한 기능을 발휘한다는 까닭도 있는 것 같습니다.

　　오오, 장미여!
　　순수한 모순의 꽃이여
　　여러 겹으로 겹친 꽃잎들은 눈꺼풀 같구나
　　이제는 누구의 꿈도 아닌 단단한 잠을 꼭 싸고 있나니
　　그 가련함이여!
　　　　　　　　　　　　　　　　　　　　　　－릴케

　　어머님 심부름으로 이 세상에 나왔다가
　　이제 어머님 심부름 다 마치고
　　어머님께 돌아왔습니다.
　　　　　　　　　　　　　　　　　　　　　　－조병화

　위는 '장미 가시'의 신화를 남긴 릴케의 유명한 묘비명 시이고, 아래는 묘비명 시 가운데서 가장 시적이라고 할 수 있는 편운 선생의 것입니다. 이들에 비해 다른 문인들의 묘비명은 그 길고 짧음에 관계 없이 당사자들의 인생관이나 문학관, 또는 삶의 모습이 잘 그려져 있습니다.

　내면을 사랑한 이 사람에게 있어, 고뇌는 그의 일상이었고, 글쓰기는 구원을 향한 기도의 한 형식이었다.

─카프카

돌아오라는 부름을 받다.

─에밀리 딕킨슨

너에 대항해 굽히지 않고 단호히 내 자신을 내던지리라. 죽음이여!

─버지니아 울프

한가하면 고인의 책을 읽어라[閒見古人書].

─허균

세상에 진실하고 겸손한 사람이 많으되 김유정만 한 사람이 드물고, 세상에 불쌍한 사람이 많으되 김유정만큼 불쌍한 사람도 드물다.

─김유정

일어나지 못해 미안하다.

─헤밍웨이

고결한 양심, 불멸의 영혼.

─토마스 모어

별이 총총한 드넓은 하늘 아래
무덤 하나 파고 나를 눕게 하소서.
바다에서 고향 찾는 선원처럼

산에서 고향 찾는 사냥꾼처럼.

―스티븐슨

대문호 토마스 하디의 숭고한 정신과 통찰의 심장이 여기에 묻히다.

―토마스 하디

가장 비꼰 놈을 비꼰, 그 해박한 큰 코의 라블레. 이 얇은 판자 아래 잠들어 죽음을 겁내는 놈들을 비웃으며 저승으로 떠났네.

―라블레

나다니엘 호손은 가난하게 살았고, 가난하게 죽었고, 가난하게 묻혔으며, 아무도 울지 않았다.

―호손

그렇다고 문인들의 묘비명이라고 해서 이렇듯 문학적인 것만은 아닙니다. 그중에는 "우물쭈물하다가 내 이럴 줄 알았다."(버나드 쇼)거나, "미쳐서 살다 정신 들어 죽었다."(세르반테스)처럼 개성적인 해학성을 드러내는 예도 있습니다. 그러나 다음의 묘비명을 읽어 보십시오.

친구여 부디
여기 봉한 흙을 파헤치지 말게!
이 돌들을 건드리지 않는 자에게 축복을
내 유골을 옮기는 자에게는 화가 있을지어다.

―셰익스피어

179

이 묘비명을 처음 접했을 때 나는 그것이 가장 빛나는 문학의 왕관을 쓰고 있는 셰익스피어의 자작이라는 사실에 웬만큼 실망한 것이 아니었습니다. 자신의 유명세와 맞물린 도굴을 경계했는지는 모르겠으되 그래도 셰익스피어가 아닙니까! 그 실망감은 지금도 의문을 부풀리며 남아 있습니다.

생전에 바이런도 자신의 묘비명 시를 썼습니다. "그러나 나는 살았고, 헛되이 살지 않았다/ 내 마음이 힘을 잃고, 내 피가 정열을 잃는다/ 내 몸뚱이는 정복한 고통 속에 스러진다/ 그러나 지치게 할 것이 내 안에 있다/ 고문과 시간 그리고 내가 죽을 때의 숨/ 그들이 생각하지 않는 숭고한 무엇/ 기억하는 소리 없는 거문고의 음률처럼…."

그런데 재미있는 것은, 깨어나 보니 유명해졌다는 이 시인의 묘비명보다 더 유명한 것은, 자신이 기르다가 죽은 개에게 써준 묘비명입니다.

이곳에 그의 유해가 묻혔도다. 그는 아름다움을 가졌으되 허영심이 없고, 힘을 가졌으되 거만하지 않으며, 용기를 가졌으되 잔인하지 않고 인간의 모든 덕목을 가졌으되 그 악덕은 갖지 않았다. 이러한 칭찬이 인간의 유해 위에 새겨진다면 의미 없는 아부가 되겠지만, 1803년 5월 뉴퍼들랜드에서 태어나 1808년 11월 18일 뉴스테드 애비에서 죽은 개 보우썬의 영전에 바치는 말로는 정당한 찬사이리라.

문인들은 개에게만 묘비명을 써주는 것이 아닙니다. 실제로도 산적이 없는 가공의 인물들에게도 묘비명을 써줍니다. 그 대표적인 것이 세르반테스의 『돈키호테』입니다.

이 불세출의 명작의 끝은 주인공 돈키호테와 종자 산초 판사, 그리고 애마 로시난테를 기리는 묘비명과 소네트로 장식됩니다. 너무 긴 편이라 여기 인용은 생략하겠지만, 소설가들에 의해 속절없이 태어났다가 속절없이 세상을 떠난 수많은 가공의 인물들에 비해, 묘비명까지 부여받은 이들이야말로 행복한 삶이 아닐까 합니다.

그러나 정말로 행복한 것은 마크 트웨인의 『아담과 이브의 일기』 속에 나오는 이브일 것입니다. 왜냐하면 그 작품 속에서 아담은 이브가 세상을 떠나자 다음과 같은 묘비명을 써주었으니까요.

그녀가 있는 곳, 그곳은 어디나 낙원이었노라.

마지막으로 생존 문인 세 사람의 묘비명을 소개하고자 합니다. 한 사람은 시인이고, 두 사람은 소설가입니다. 시인의 묘비명부터 소개하겠습니다.

네가 떠난
빈 자리

하이얀 태양이
말이 없고

구름 길
겨울 파도 소리.

―황금찬

묘비명이라기보다 한 편의 정갈한 서정시입니다. 인생이나 세상을 향한 자기만의 상념을 드러내지 않고, 그저 맑고 깨끗한 영혼을 지닌 시인으로서의 자연동화적인 정서를 단시로 담아 내고 있습니다.

마라톤 풀코스를 25회나 완주한 일본의 세계적인 소설가 무라카미 하루키는 『달리기를 말할 때 내가 하고 싶은 이야기』(임홍빈 역)의 후기에서 "이제까지 세계 여러 나라의 길 위에서 스쳐 지나며 레이스 중에 추월하거나 추월당해 왔던 모든 마라톤 주자들에게 이 책을 바치고 싶다."고 쓸 정도로 마라톤을 사랑합니다. 그래서 다음과 같은 문장으로 그 책을 끝냅니다.

만약 내 묘비명 같은 것이 있다고 하면, 그리고 그 문구를 내가 선택하는 게 가능하다면, 이렇게 써 넣고 싶다.

무라카미 하루키
작가(그리고 러너)
1949~20＊＊
적어도 끝까지 걷지는 않았다

이것이 지금 내가 바라고 있는 것이다.

25회나 마라톤 풀코스를 "끝까지 걷지는 않았다"는 그 집념은 실로 초인적인 열정의 소산일 것입니다. 그는 그러한 집념과 열정으로 수많은 소설을 써내고 있습니다. 기적은 신의 도움이 아니라 사랑의 힘이라는 생각이 듭니다.

우리나라에서도 많은 독자를 가지고 있는 프랑스의 소설가 미셸 투르니에는 『짧은 글 긴 침묵』(김화영 역)이라는 산문집의 마지막 문장을 자신의 묘비에 새겨지기를 바라는 글로 끝을 맺습니다.

내 그대를 찬양했더니 그대는 그보다 백 배나 많은 것을 내게 갚아 주었도다. 고맙다, 나의 인생이여!

"고맙다, 나의 인생이여!"라는 말만큼 보람 있는 생이 또 어디 있 겠습니까. 자신의 삶에 스스로 감사할 수 있는 사람은 그리 흔치 않 을 것입니다. 이럴 경우 우리는 한 소설가가 아니라 "나는 아쉬울 것 이 없도다."(김수환 추기경)와 같은 완성된 인생의 면모를 느끼게 됩 니다.

위의 세 문인들과는 달리 이상의 경우는 자신의 작품(〈종생기〉) 속에다 묘비명을 썼습니다.

일세의 귀재 이상은 그 통생의 대작 〈종생기終生記〉 일편을 남기고 서력 기원 후 1937년 정축 3월 3일 미시, 여기 백일白日 아래서 그 파란 만장의 생애를 끝맺고 문득 졸卒하다.

그가 정작 세상을 떠난 것은 이보다 얼마 후인 4월 17일이었으니, 죽음의 예감에 있어서도 '귀재'라 할 수 있겠습니다.

문인과 일반인들과의 차이점은 세상을 보는 눈에 있다 하겠습니 다. 일반인들이 보다 세상과 밀착해서 삶을 영위하려는 데 반해, 문 인들은 가능한 한 세상과 멀리 떨어져서 자신만의 또 다른 세상을 만들려고 합니다. 우리는 이를 흔히 문학세계라 부릅니다. 뛰어난 문인은 일반 문인들과 차별화된 문학세계를 거느리고 있습니다.

나는 당신이 묘비명들을 통해서도 그 문학적 차별성을 감지했으리라고 생각합니다. 그것을 한마디로 하면 자신의 삶과 작품에 대한 긍지가 아닐까 합니다.

묘비명 자료들을 모으면서 나는 많은 시인들이 '묘비명'을 제목(또는 소재)으로 한 시들을 썼음을 알게 되었고, 이들에 대한 별도의 테마 시론을 준비해 오고 있습니다. 그런데 자료가 너무 많아 애를 먹고 있습니다.

　　심장의 심장. 퍼시 비시 셸리, 그는 이제 신이 있는지 없는지 알게 되었다.

이것은 시인 셸리의 묘비명입니다. 그러나 셸리뿐만 아니라 하늘나라로 떠난 모든 사람들로부터 신의 유무에 관해서는 지금까지 단 한마디도 들을 수 없었습니다. 그래서 "신은 죽었다."는 외침도 터져 나왔지만, 아무래도 생자들의 소임은 '메멘토 모리(memento mori)', 곧 '죽음을 생각하다'일 듯싶습니다.

'그럼, 또⋯.' 대신 '메멘토 모리'를 끝인사로 하겠습니다.

2009. 10. 25

늙은 시인으로부터의 편지 · 22

'모성문학'을 위한 비망록

　최근에 나는 안양의 '화요문학' 동인회로부터 '어머니'를 테마로 하는 특집호를 간행함에 있어 그 발제적인 에세이를 써 달라는 청탁을 받았습니다.
　처음에는 그에 대한 특별한 관심이나 연구도 한 바가 없어 주저했습니다. 그래서 평소 독서를 통해서 느끼고 알고 있는 지극히 단편적인 얘기를 썼던 바, 그래도 공동의 화두를 삼을 만한 듯 여겨져 그 내용을 간추려 여기 옮겨 보기로 했습니다. 전문적인 연구·비평도 아닌 글인지라 편의상 10개 항의 비망록 형식으로 하고, 그에 따라 존칭 어미는 쓰지 않기로 하겠습니다.

1

　나는 '모성문학'이라는 용어를 일반적인 여성문학이나 모성애를 구가하는 주제적 특성이 아니라, '어머니'를 소재로 한 모든 장르의 문학작품을 지칭하는 어휘로 쓴다.

문학작품의 테마나 소재의 연구는 다양한 분야에 걸쳐 이루어져 왔다. 그러나 세계문학사상 모성문학 작품들은 부지기수일 것이로되, 막상 이를 조망한 총괄적인 연구를 쉽게 접할 수 없음을 상기할 때, 이는 '어머니'에 대한 문학적 배반처럼 느껴진다. 따라서 이 글이 그 배반의 자책감에서 시도되는 용서받기의 청원서이기를 바란다.

2

인간의 본능적 욕망들이 최상의 문화적 형태로 승화된 것이 예술이다. 여기서 승화(Sublimation)란 일반적인 의미를 넘어선 정신분석학의 용어다.

신화는 그 최초의 문학적 결실물이다. 모든 신화는 이 세상(천지 또는 우주)의 창조나 영웅들의 탄생으로부터 시작한다. 창조나 탄생은 그 자체가 모성적 출산을 의미한다. 신화는 모성문학의 종가다. 대표적으로 그리스신화는 카오스로부터 대지 모신인 가이아(Gaia)의 탄생을 출발점으로 하고 있다. 가이아는 모든 어머니들의 어머니다. 그로부터 모계의 신족보가 펼쳐진다. 신의 계보는 근친혼 또는 친족혼이 주종을 이룬다. 이 혼외혼은 현대적인 간통문학의 원형이라 하겠다.

그 가운데서도 가장 신학적인 모성문학이 소포클레스의 『오이디푸스 왕』이다. 자기 생부를 죽이고, 생모와 결혼을 하게 되는 이 희곡의 주제에서 프로이트는 저 유명한 '오이디푸스콤플렉스' 학설을 도출했다. 신화가 인간적 본능의 원형 저장소임이 확인된 것이다.

『오이디푸스 왕』에서 왕비이자 생모인 이오카스테는 근친상간의 비운을 자살로 마감한다. 문학작품에서 최초의 여성 자살자다. 플로베르의 '보바리 부인'이나 톨스토이의 '안나 카레니나'도 자살을 한다. 그들이 어머니라는 사실은 모성문학에서 시사하는 바가 크다.

3

성서 속의 어머니들도 모성문학의 훌륭한 연구 대상이라고 생각한다. 성서는 신화와 종교적 진실들이 뛰어나게 조화를 이룬 불세출의 문학이다. 구약의 '창세기'는 더욱 그러하다.

인간 최초의 어머니인 '이브'에 대해서는 논란이 많다. 문학사적인 측면에서 그리스신화(헬레니즘)가 가이아의 모계인 데 반해, 창세기(헤브라이즘)는 이브를 아담의 갈빗대 소생으로 기록해 가부장제로 시작한다.

그러나 이에는 '릴리스콤플렉스'라는 반론이 상존한다. 유대 랍비들은 아담의 첫 배필이 이브가 아니라 '릴리스(Lilith)'라고 주장한다. 릴리스는 아담이나 자신이 똑같이 흙으로 빚어졌으므로 남녀가 동등하다는 뜻을 굽히지 않아, 급기야는 아담과 불화 끝에 에덴 동산에서 떠나 버렸다는 것이다. 진보적 페미니스트들도 이를 즐겨 원용한다. 더 이상의 자세한 언급은 접어두겠다.

예수가 신약의 아담이라면, 그 상징적 의미에서 성모 마리아는 제2의 이브다. 마리아에 관한 논쟁도 끝없이 되풀이된다. 그러나 '구원의 모성상'으로서의 마리아는 모성문학의 표상이다.

4

앞에서 언급한 '오이디푸스콤플렉스'나 '릴리스콤플렉스'는 정신분석학의 용어다. 정신분석학은 인간의 내면에 깃든 원초적 자아의 본능으로부터 인성의 규범을 재정립해 준다. 예컨대 흄이 제창한 '아니마(amima: 남성 속에 깃든 여성 지향성)'는 모성문학 연구의 키워드가 될 수 있다.

한 작가의 실제 삶에 있어서 유아기 때의 어머니와의 관계는 그의 작품세계 형성의 관건이기도 한데, 이를 밝혀 주는 것이 정신분석학의 몫이다.

일반적인 이론들은 생략하고, 에드먼드 베르글러의 독창적인 문학관을 소개하겠다.

그에 의하면 모든 작가는 자신의 '모유콤플렉스(breast complex)'에 대한 방어심리를 표현한다는 것이다. 즉 유아가 어머니의 젖먹기를 거절당했을 때, 그 아기는 고통과 쾌락을 동시에 느껴, 작가로 성장했을 경우 언어와 모유를 동일시하게 된다는 것. 따라서 유아는 어머니에게 피학성 애착(masochistic attachment)를 지니게 되어, 결국 창작은 '자기 창조적 현상 부재 증명병(a self-creative alibi sick-ness)'이라는 논리다. 용어 자체부터 어렵다.

그렇지만 모성문학 연구에 있어 정신분석학 비평은 필수적이다.

5

'모성문학'이라고 할 때, 가장 먼저 예거하고 싶은 시가 있다.

> '바다. 먼 바다여!'라고 종이에 쓴다.
> 바다여, 우리들이 쓰는 글에는
> 네 안에 어머니가 있다
> 그리고 어머니여, 프랑스 사람의 말에는 당신 속에 바다가 있다.
> ―미요시 다쓰지, 〈향수〉에서

이것은 한자의 '바다 해海' 자 속에는 '어미 모母' 자가 들어 있고, 프랑스어의 '어머니(mére)'에는 '바다(mer)'가 내포되어 있음을 말한다. 어머니에 대한 언어적인 착상의 시다.

언어학자들은 대부분의 세계 언어에서 어머니의 발음에 'ㅁ' 음이 포함되고 있음을 지적한다. 한국어도 예외는 아니다.

한국인이 최초로 습득하는 '엄마'라는 말은 모성문학의 산실이다. 그 산실의 요람에서 동요 '엄마 앞에서 짝짝꿍'으로부터 신경숙의 『엄마를 부탁해』까지의 모든 '어머니'가 재생된다. 인간이 이 세상을 떠날 때, '어머니!'를 찾는다는 것은 그 산실에로의 회귀본능이라 할 수 있다.

박정자의 연극 〈엄마는 오십에 바다를 발견했다〉는 위의 예시와 문학적 공감대를 거느리고 있다. 물은 모든 생명체의 생명수다. 따라서 '바다'의 발견은 생명력의 최대 극점에의 도달을 의미한다. 인생이란 곧 체험의 바다인 것이다.

6

하고 싶은 이야기가 많았습니다.
나는 참 오랫동안 타향에서 지냈습니다.
그래도 나를 가장 잘 이해해 주시는 이는
언제나 어머니 당신이었습니다.

—헤르만 헤세, 〈나의 어머님에게〉에서

모성문학에서 단적으로 말한다면 소설은 어머니의 삶을, 시는 어머니의 사랑을 노래한다. 시에는 특히 '사모곡思母曲'이라는 별칭이 있다. 단행본으로 엮은 사모곡들도 일일이 예거할 수 없을 정도로 많다. 나의 경우까지도 그러하니 얼마나 많을 것인가.

어머니는 그 이름만으로도 누구에게나 구원의 마리아다. 그 무조건적인 사랑과 희생의 포용력이 자식된 시인들의 고해성사적인 하소연의 유일한 대상이 된다. 모든 어머니는 영혼의 성녀다.

모성문학에 있어 사모곡이 차지하는 비율이나 비중이 가장 높을 것이다. 따라서 사모곡들만의 고찰도 아주 훌륭한 연구문이 되리라. 그러나 여기서는 제안으로 그칠 수밖에 없고, 이와 같은 의지를 잘 대변해 주고 있는 두 격언을 소개하고자 한다.

하느님은 모든 곳에 존재할 수 없었기 때문에 어머니를 만들었다.
―유대 속담

나는 정의를 믿습니다. 그러나 정의에 앞서 나의 어머니를 더 옹호합니다.
―알베르 카뮈

7

모성문학에는 서한문도 빼놓을 수 없다. 물론 일기나 자서전도 그러하다. 그러나 편지만큼 직설화법의 육성적 친밀도는 제공하지 못한다.

생텍쥐페리는 헤세의 시처럼 "어머님께 할 말이 정말 많습니다."라며 "사랑하는 마망(엄마)"에게 수많은 편지를 썼다. 그의 편지에는 "지금 저는 야간 비행에 관한 책을 쓰고 있습니다. 그렇지만 진정한 의미에서 보자면, 이 책은 밤에 관한 작품입니다."와 같이 구상

중이거나 집필 중인 작품에 대한 이야기가 많다. "어머니 곁으로 돌아가고 싶어요."라는 그의 마지막 편지는 그가 실종된 지 1년 후에서야 어머니에게 전해졌다.

어머니에게 보내는 편지는 한결같이 '사랑하는 어머니'로 시작된다. 불세출의 시인 장 콕토도 "이 세상의 그 어떤 것도 어머니의 편지만큼 저를 기쁘게 하지 못하며, 어머니의 칭찬 한마디는 온갖 종류의 공격으로부터도 저를 구해 줄 수 있습니다."라는 엽서를 썼다. 대시인도 어머니 앞에서는 한낱 어린애일 뿐이다. 그래서 '어머니'다. 앙드레 지드의 "제가 보낸 모든 편지들을 간직하세요. 제가 가장 훌륭한 것들을 쓰기를 원하는 곳이 바로 편지들이니까요."라는 편지 내용을 보면 서한문이 모성문학의 최적의 안식처라는 생각이 든다.

가장 하소연이 많은 것은 천재 시인 랭보의 편지다. 그는 시쓰기를 거부하고 아프리카로 가서 무역상이 된다. 그러나 풍토병과 류머티즘 합병증으로 극심한 고생을 하면서 "아아, 우리들의 인생은 그 얼마나 비참한 것입니까!"라는 비탄의 내용을 어머니에게 연재소설처럼 써 보낸다. 그는 끝내 다리를 절단하면서까지 투병 생활을 했지만 37세의 나이로 마르세이유의 한 병원에서 눈을 감는다.

보들레르도 어머니에게 "『악의 꽃』이라는 제목이 붙은 이 책은 음란하고 냉정한 아름다움으로 점철되었다는 사실을 곧 보게 되실 겁니다."라고 불후의 명시집에 대한 자부심을 토로한다.

문인들이 어머니에게 보낸 편지들만 모아 엮어도 좋은 모성문학의 자료가 되리라.

8

어머니에 대해서 쓴다는 것은 곧 사랑한다는 것, 기도한다는 것,

아프다는 것, 귀의한다는 것, 감사하다는 것, 다시 한마디로 응축하자면 끝까지 사랑한다는 것이다.

그런데 남자는 최초의 애인이었던 엄마를 아내에게서 재발견할 때 두 사랑은 완성되고, 엄마라고 부르던 여자는 자신이 엄마라고 불리울 때 어머니를 재발견함으로써 두 엄마가 완성되는 것이 아닌가 싶다.

여성은 어머니가 됨으로써 남성을 초월한다. 남자의 '불임콤플렉스'가 여성 비하의 원천이라는 학자도 있고, 특히 급진적 페미니스트들은 남자도 아이를 낳게 해야 한다고 조롱한다. 그러나 페미니즘도 모성문학의 본질에서는 탈이념화되어야 하지 않을까.

그렇다고는 해도 모성문학의 문학사적 배경을 위해서는 보봐르의 『제2의 성』과 피셔의 『제1의 성』은 필독서라고 생각한다. 그 연장선에서 '어머니날'을 '어버이날'로 만든 것은 모성애를 효孝의 개념으로 격하시킨 반모성문학적인 우행이라고 믿는다.

9

이 글의 주제에는 직결되지만, 사적인 얘기라서 주저되는 나의 경우를 사족으로 덧붙이고자 한다.

대학입시 구두시험 때, "세계의 현존하는 인물 가운데서 누구를 가장 존경하는가?" 하는 질문에 나는 "어머니"라고 말했다. "그 이유는?" "그 이유는 말할 수 없습니다. 어머니를 모독하는 것 같기 때문입니다."

이유를 지금도 말할 수 없다. 프로이트파 학자들의 연구 자료를 위해서….

이것은 나의 세 번째 시집인 『양지동 946번지』 자서의 한 대목이다. 누구에게나 그렇듯이 어머니는 내 사랑의 종교였다. 더구나 나의 어머니는 40대 초반부터 신병을 얻으셔서 인생의 후반을 투병 생활로 보내셨다. 아픈 어머니는 사랑을 배가시킨다. 그로부터 20년 후, 나는 70여 편의 사모곡들로 『어머니, 오 나의 어머니』라는 시집을 간행했고, 어머니가 돌아가셨을 때 관에 함께 넣어 드렸다.

어머니!
어머니.
어머니
어머ㄴ
어머
어ㅁ
어
ㅇ

―〈소멸消滅〉전문

그중의 한편이다. 어머니의 일생은 보상 없는 희생의 과정이다.

10

모성문학이 되려면 '나의 어머니'만으로는 안 된다. 우리의 어머니, 만인의 어머니, 그러니까 '어머니의 어머니'가 되어야 한다.
  문학은 집단 무의식적인 공동 소망의 표출이다. 나의 어머니는 나의 슬픔과 나의 기쁨만이 두드러진다. 그 슬픔, 그 기쁨에서 만인 공유의 희로애락이 유발되지 못한다면 그것은 끝내 나의 어머니 감상문에 머무르고 만다. 문학의 개념을 떠나 한 패턴으로 전형화시킬 수 있는 모성상을 부각시키거나, 모성애를 더욱 승화시킬 수 있는 서정성의 노래가 될 때, 그것은 모성문학의 이름으로 논의될 것이다.

이 글을 쓰면서 전문성의 결여가 얼마나 부담스러운가를 새삼 느꼈습니다. 따라서 모성문학에 대한 고찰의 필요성을 강조했다는 의미로 읽어 주셨기를, 그리고 좋은 자료가 있으면 일러 주시기를 바라며 이만 줄이겠습니다.

그럼, 또….

2009. 11. 23

'일행시'와 '일자시'에 대하여

2층 서재에서 이번 편지의 첫머리는 어떻게 쓸까 궁리를 하고 있는데, 아래층에서 아내의 외침이 들렸습니다.

"첫눈이 와요!"

그 한마디에 몸과 마음이 일시에 반세기 전의 대학 시절로 공간이동을 했습니다. 그때 우리는 '첫눈'이 내리면 무조건 약속된 장소에서 만나기로 하고 데이트를 즐기곤 했습니다.

그랬던 소녀가 결혼을 하고, 세월이 한참 흐르고 나니, 눈이 내려 쌓이기만 하면 쓸지 않는다고 야단을 칩니다. 그래도 오늘은 "첫눈이 와요!"라는 환호성을 오랜만에 들으니 가슴이 뭉클해집니다. 추억은 역시 아름다운 것입니다.

각설하고 이번에는 단시短詩에 대한 얘기를 해볼까 합니다. 단시는 물론 짧은 시입니다. 그렇지만 몇 행까지를 단시라고 하는가에 대한 문학적 규정은 없습니다. 일반적으로 10행 이내의 시들은 단시라 해도 무방하겠지요.

그러나 내가 여기서 주안점으로 삼고자 하는 것은, 더 이상 짧게 쓸 수 없는 '일행시—行詩' 입니다. 그렇다면 한 줄 이하의 시는 불가능할까요. 아닙니다. '일자시—字詩' 도 있습니다. 자못 궁금하지 않습니까.

대부분의 문학도들은 시문학사상 가장 짧은 시로 평가받고 있는 르나르의 〈뱀〉이라는 시를 알고 있을 터입니다. "너무 길다."라는 유명한 일행시 말입니다.

그런가 하면 김삿갓의 〈부고訃告〉라는 일행시—行詩도 있습니다. 내용은 "유유화화柳柳花花."라는 넉 자이지요. 그게 무슨 뜻이냐고요? 한글로 하면 "버들버들꽃꽃"인데, 죽음을 알린다는 '부고' 를 염두에 두고 의태음화擬態音化시켜 읽으면 "버들버들" 거리다가 "꽃꽃" 해졌다, 곧 죽었다는 것이지요. 김삿갓다운 해학입니다. 뛰어난 일행시가 아닙니까.

또 그런가 하면 오스카 윌리엄스가 편찬한 『경시輕詩(Light Verse)』 사화집에는 '이 세상에서 가장 짧은 시' 로 엘리 시겔의 작품이 소개되고 있습니다. 그 시는 다음과 같습니다.

　　WHY?

　　　　　　　　　　　　　　—시겔, 〈I〉 전문

역시 무슨 뜻이냐고요? 제목은 '나(I)' 인데, 내용이 "왜(WHY)?"라니요. 이 일자시에는 '나' 라는 존재에 대한 일체의 회의, 곧 왜 태어나고, 왜 살아가고, 왜 사랑하고, 왜 헤어지고, 급기야는 왜 죽는 것인가에 대한 불가지론적인 의문들이 함축되어 있는 것입니다. 김삿갓의 경우와 비슷한 장난기 같은 느낌을 받을지 모르지만, 그 발상에 있어서는 독창성을 인정해야 할 것 같습니다.

나는 지금까지도 문청 시절에 황순원의 단시에서 받은 시적 감흥을 간직하고 있습니다. 그 대표적인 것이 다음의 두 편입니다.

하모니카
불고 싶다.

―〈빌딩〉 전문

이곳입니다
이곳입니다
당신의
무덤은.

―〈반딧불〉 전문

〈빌딩〉에서는 동시적인 참신한 이미지의 응축성이, 그리고 〈반딧불〉에서는 어둠 속에서 명멸하는 죽음의 암호를 해독하게 됩니다.

단시라고 하면 누구나 한국의 시조와 일본의 하이쿠(俳句)를 쉽게 떠올릴 것입니다. 둘 다 제목이 없는 시들이지요. 시 전체가 3행, 1행이니 제목을 붙인다는 것 자체가 군더더기처럼 여겨졌던 모양입니다. 뒤에 다시 일행시로서의 하이쿠를 거론하겠지만, 여기서는 시조에 관한 얘기를 접어 두고, 위에서 바로 〈반딧불〉을 감상한 터에 '반딧불'에 관한 하이쿠 몇 편을 소개할까 합니다.

"여기야 여기!" 하고 불러도 반딧불은 저 멀리 떠나 버리네.
—오니츠라

어서 나와, 반딧불아 난 방문을 잠그고 외출할 거야.

올해의 첫 반딧불, 왜 바보처럼 도망가니? 나 이싸야!

다리 위의 저 거지도 아들을 위해 반딧불을 잡으려 하네.

반딧불 하나가 내 소매 위로 기어오르네 그래, 나는 풀잎이다.
—이상, 이싸

반딧불이 반짝이며 날아가자 '저길 봐' 하고 소리칠 뻔했다. 나 혼자인데도.
—다이기

"번역은 반역"이라는 말이 있듯 한국어가 일본어의 말맛은 그대로 담아 낼 수 없겠지만, 그래도 '반딧불'의 다양한 시적 묘미는 느낄 수 있습니다. 황순원의 '반딧불'이 사람을 부르는 대신, 오니츠라의 경우는 사람이 '반딧불'을 부르고, 그 '반딧불'에게 "나 이싸야!" 하고 인사하는 시인의 모습에 인간적인 미소를 머금게 합니다.

그럼 이제 한국의 일행시에 대해서 좀 더 살펴보기로 하겠습니다. 나에게는 세 권의 일행시집이 있습니다. 정영태의 『항구』, 정성수의 『세상에서 가장 짧은 시』, 김민의 『길에서 만난 나무늘보』가 그것입니다.

일반적으로 시의 감상에 있어서는 '여백의 미' 라는 것이 있습니다. 백지 위에 조금 큰 활자체의 제목과 이름이 있고, 알맞은 길이의 시가 인쇄되어 있을 때, 한눈에 시의 형태미가 느껴지기 마련입니다. 그런데 일행시는 단 한 줄의 시뿐이니, 여백의 극대화에 따른 시각적 해방감이 그만큼 확대된다고 할 수 있습니다.

문제는 이와 같은 감상성이 이들 시를 인용할 때는 거세된다는 점입니다. 여기 소개하고자 하는 세 시인의 예시들도 마찬가지입니다. 편의상 제목은 괄호 안에 표기했습니다.

물결에 흔들리는 중유重油의 찌꺼기 묻은 외짝 고무신.(〈항구港口〉)

연방 새 거울 깨부수고 있는 장미빛 햇살.(〈아침 바다〉)

한 송이 민주民主꽃을 피우기 위해 봄부터 최루탄은 그렇게 터졌나 보다.(〈오기誤記 미당未堂 시詩〉)

물, 고추가루 좋아하는 백성이라 실컷 먹였습니다=보고報告 끝.(〈고문·2〉)

흑인병사黑人兵士 브라운의 검은 살, 붉은 피, 흰 정액精液.(〈사실증명〉)

젊음도 사랑도 깍두기도 씹기가 거북하다.(〈의치義齒〉)

—이상, 정영태,『항구』에서

나(〈섬〉)

?(〈나에게 부치는 최초이자 최후의 편지〉)

○(〈우리가 그리워하는 우주의 얼굴〉)

빈 레일(〈옛 사랑의 추억〉)

(   )(〈그대와 나〉)

응(〈사람 위에 사람 있고 사람 아래 사람 있다〉)
                        ─이상, 정성수, 『세상에서 가장 짧은 시』에서

내 이름에도 돌이끼 낄까.(〈묘비명〉)

여보시게, 자네는 정말이지 멋지게 뒤틀렸군 그래.(〈하회 삼신당 느티나무〉)

나나 쟤나 날갯짓만 요란하다니까.(〈하루살이〉)

하늘역에 눈 내리다.(〈모래벌판 돌아나오니 붉은 깃발을 든 역무원이 반가이 묻다 어디서부터 타고 왔냐고〉)
                        ─이상, 김민, 『길에서 만난 나무늘보』에서

위의 일행시들에 대한 별도의 해설은 필요치 않을 듯합니다. 각 예시마다 두드러진 이미지성, 풍자성, 알레고리 등의 작의가 여실히 드러나 있기 때문입니다.

다만 김민의 경우, 특기할 사항이 하나 있습니다. 그는 시집 속에 4편의 〈발자국〉 시를 포함시켰는데, 그 내용은 다음과 같습니다.

왜 당신은 이곳에 서 있는 거요

당신은 왜 이곳에 서 있는 거요

당신은 이곳에 왜 서 있는 거요

당신은 이곳에 서 있는 거요 왜

시인은 이 작품을 시집의 중간 중간에 '발자국' 처럼 찍어 놓았듯, 똑같은 문맥에서 '왜' 라는 의문사를 보폭처럼 옮겨 놓음으로써 강조 대상을 각인시키고 있습니다.

우리는 여기서 다시 맨 앞에서 소개한 엘리 시겔의 "WHY?"라는 형이상학적인 회의를 떠올리게 됩니다.

하이쿠 얘기를 다시 하겠습니다. 일행시에 있어 하이쿠는 단연 독보성을 지니고 있습니다. 하이쿠에 대한 전문적인 식견은 전혀 없지만, 세계에서 가장 짧은 '5·7·5' 조의 총 17자에 내포된 그 표현의 감칠맛에는 매료되지 않을 수 없습니다. 더구나 전 세계적으로 습작하는 사람들이 많다니 그저 부러울 뿐입니다. 한 시인이 수만 편, 수천 편을 썼으니 어찌 '이거다!' 하고 예거하겠습니까마는, 평소 즐겨 감상하는 하이쿠들과 특히 죽음이나 특정 사건과 연관된 작품들을 소개해 볼까 합니다. 제목도 없는 단 한 줄의 시가 이처럼 마음을 사로잡다니, 생각하면 생각할수록 신비스럽기까지 합니다. '하이쿠' 하나만 두고서도 일본을 무시해선 안 될 것 같습니다.

얼마나 놀라운가, 번개를 보면서도 삶이 한순간인 걸 모르다니!

초겨울 비가 내리네 내 이름은 '방랑자'.

너무 울어 텅 비었는가, 이 매미 허물은.

가을 깊은데 옆방은 무엇하는 사람인가.

―이상, 바쇼

내 집 천장에서 지금 자벌레 한 마리가 대들보 길이를 재고 있다.

걱정하지 말게, 거미여 나는 게을러서 집안 청소를 잘 안 하니까.

올해의 첫 매미 울음, 인생은 쓰라려, 쓰라려, 쓰라려.

대문 앞에 난 단정한 노란 구멍, 누가 눈 위에 오줌을 누었지?

―이상, 이싸

도둑이 들창에 걸린 달을 두고 갔구나.

―료칸

몸무게를 달아 보니 65킬로그램 먼지의 무게가 이만큼이라니!

—호사이

그물에도 걸리지 않고 밧줄에도 걸리지 않는 물 속의 달.

—부손

무슨 설명이 필요하겠습니까. 한 줄 한 줄마다 배어 있는 자연과 인간사를 아우르는 시적 감흥의 자력에 감전당할 뿐이지요.
 소세키는 정치인의 초대를 받고, "뻐꾸기가 밖에서 부르지만 똥 누느라 나갈 수가 없다."는 하이쿠 답장시를 썼습니다. 오니츠라는 아들의 죽음을 맞아 "이 땅에 묻으면 내 아이도 꽃으로 피어날까?"라며 슬픔을 달랬습니다. 이싸도 아버지의 임종을 "마지막으로 아버지 얼굴에 앉은 파리를 쫓아 보냈네."라며 가슴을 쓸어내립니다. 또한 자신의 50세 생일을 맞아서는 "지금부터는 모든 것이 남는 것이다. 저 하늘까지도."라는 무無의 경지를 노래했습니다.
 그러한 이싸가 세상을 떠나기 전에 남긴 하이쿠는 더욱 교훈적입니다. "태어나서 목욕하고 죽어서 목욕하니 이 얼마나 어리석은가." 자신의 죽음과 연관된 적지 않은 시인들의 임종 하이쿠들이 있습니다.
 하이쿠의 원조라는 바쇼는 "여행 중에 병이 드니 꿈속에서 온통 마른 들판을 헤매 다니네."라고 노래하고 사흘 뒤에 죽습니다.
 "만일 누군가 '소칸은 어디 있는가?' 하고 물으면 '저 세상에 볼 일이 있어 갔다'고 말해 주게."(소칸), "내 전 생애가 오늘 아침은 저 나팔꽃 같구나."(모리다케), "너무 오래 살아 나 역시 춥구나 겨울 파리여!"(타요죠) 등의 하이쿠들은 모두 절명시들인 것입니다. 이 대목에서는 시적 감흥보다 인간적인 경건함에 젖어 들게 됩니다. 보다 더 많은 자료들은 류시화의 『한 줄도 너무 길다』(이레)를 참조해 주시기 바랍니다.

이제 끝으로 '일자시一字詩'에 대한 얘기를 해야겠습니다. 한 글자의 시라니, 그런 시가 어디 있느냐고 의아해하는 사람들이 많겠지요. 그러나 분명히 있습니다. 그냥 있는 게 아니라 일자시만을 고집스레 추구한 시인이 있습니다.

바로 성찬경 시인입니다. 그는 십여 년 전부터 일자시를 발표했습니다. 그 명칭도 일자시 이외에 '요소시要素詩', '일자일행시一字一行詩', '절대시絶對詩', '순수절대시' 등으로 다양하게 붙였습니다. 그만큼 실험적이고 핵심적인 시의 본질을 축약시켜 보고자 한 의도라 여겨집니다. 극소화시킬수록 시의 결정체만 남는다는 '미니멀리즘'의 연금술이겠습니다.

내가 접한 것은 '해', '눈', '빛', '똥', '맘', '솥' 등의 일자시였습니다. '해'라는 일자시는 처음 접했을 때, 제목이자 시인 '해' 한 자만 백지에 인쇄된 지면, 그 '공백의 미학'이 주는 인상은 참신한 놀라움이었습니다.

흥미로운 것은 그들 일자시마다 별도의 주석이 붙어 있고, 그 주석들도 시의 기능을 한다는 점입니다. 예컨대 '똥'이라는 일자시의 주석 말미는 "굵고 긴 똥 한 자루가(사윗감으로는 최고다) 뚝 떨어진다. 똥은 땅과 울림의 맥이 통한다."로 되어 있습니다. 이 주석에 대해서는 장문의 해설이 필요합니다. 관심 있는 분들은 〈주석의 시학〉(《한국문인》, 2000년 10~11월호)을 참조해 주시기 바랍니다.

짧은 시들에 대한 얘기가 너무 길지 않았나 싶습니다. 다음의 단시로 이 글을 마칠까 합니다.

다음은 나의 차례입니다.
자그마한 그곳에 내려주십시오.

—조병화,〈여종旅終〉전문

그럼, 또….

2009. 12. 26

늙은 시인으로부터의 편지 · 24

노벨문학상 수상소감 연설

　이번에는 '노벨문학상'에 대한 얘기 좀 해보려고 합니다. 노벨문학상은 한 작품에 주어지지만, 사실은 수상자가 그동안에 보여주었던 모든 작품들과, 특히 그가 문인으로서 펼친 세계적인 활동도 중요한 평가의 대상인 것입니다. 인권운동에 관계된 작가들이 많은 것은 이 때문입니다. 최근에 김지하·고은 두 시인이 수상자로 거론된 것도 이와 무관하지 않습니다.
　'노벨문학상'이라면 가장 먼저 떠오르는 화두가 하나 있습니다. 지극히 상식적인 얘기지만, 예술 분야 가운데서 오직 '문학'만 선택되었다는 점입니다.
　여기에는 생명을 가진 존재 중에서 인간만이 '문자'를 사용하는데, 문학은 바로 그 문자를 통해서 인류의 행복과 지상의 평화를 실현시키는 일에 기여할 수 있다는 의미가 내재되어 있는 것입니다.

이는 문학의 영예이자 사명이기도 하지요.

'노벨문학상'이라는 말을 들으면, 나는 가슴이 설레입니다. 문학 소년 시절에 나에게는 두 가지 꿈이 있었습니다. 하나는 아주 아리따운 소녀를 만나는 것이었고, 또 하나는 '시인'이 되어서 '노벨문학상'을 받는다는 것이었습니다. 나만 그랬을까요.

아, 그런데 그 '소녀'가 내 앞에 정말로 나타난 것이었습니다. 무슨 말로 환심을 살까 궁리를 한 끝에, 나는 아주 진지한 어조로 이렇게 말했습니다.

"나는 이 다음에 '노벨문학상'을 탈 사람이야!"

엉뚱한 전략이었지만 '꿈'만은 진심이었습니다. 실현될 수 없는 꿈은 아름다운 꿈 자체로 잘 보관할 수 있는 것입니다. 그래서 워즈워스가 무지개를 보면 가슴이 뛰는 것처럼, '노벨문학상'은 아직도 내 가슴을 설레게 하지요.

후일담을 곁들이자면 '그 소녀'가 할머니가 되기까지의 지난 50년 동안, 내가 그 얼마나 "노벨문학상에 속았다."는 핀잔을 들었는지 아십니까. 신춘문예 당선소감을 먼저 써둔 사람도 있었다는 것처럼, 노벨문학상을 받으면 수상 기념 연설을 할 때 '그 소녀' 얘기를 먼저 소개하겠다는 생각까지 했으니….

노벨문학상에는 참 할 얘기가 많습니다. 국력의 정치성, 특히 우리에게는 언어의 장벽 문제가 있지요. 또한 톨스토이·카프카·입센·말로·보르헤스 같은 대가들은 제외됐는데도, 베르그송·버트런드 러셀·처칠 같은 철학자나 정치가들이 수상을 했다는 것. 또한 이에 대해 보르헤스는 "나는 영원히 미래의 수상자가 될 것이다."라며 서

운함을 드러냈지요. 그런가 하면 유일하게 수상을 거부한 사르트르나 정부 당국(러시아)에서 수상식 참석을 불허한 파스테르나크와 솔제니친도 있습니다. 사르트르는 이렇게 밝혔습니다. "저는 베네수엘라의 반독 단체를 지지합니다. 이것은 저만의 문제이지요. 헌데 제가 노벨문학상을 받는다면 노벨상을 수여한 단체 역시 베네수엘라 저항운동을 지지하는 것이 되지 않습니까. 그래서 거절하는 것입니다. 노벨상의 영광과 명예를 받기 싫은 사람이 어디 있겠습니까."

지금까지 1백여 명의 수상자를 보면, 소설가(58), 시인(27), 극작가(10), 기타(5)의 분포를 보이고 있습니다. 그 가운데서 근 20명이 시상식에 참여하지 못했는데, 동양 최초의 수상자인 타고르(인도)는 "너무 멀어서 갈 수 없다."고, 스페인 시인 히메네스는 아내의 신병이 위급해서 불참했지만, 대부분의 불참 수상자들은 자신들의 신병 때문이었습니다.

제1회 노벨문학상 수상의 영예를 차지한 프랑스 시인 쉴리 프뤼돔부터 신병으로 시상식에 참석하지 못했다는 사실은 퍽이나 시사적입니다. 이는 다른 분야에 비해 노벨문학상이 노년기의 문인들에게 주어진다는 것이며, 이는 또한 문학이 반짝이는 재능보다 일생을 통한 완숙의 예술이라는 점을 말해 주는 것이기도 합니다.

사실 내가 노벨문학상을 화두로 삼은 까닭은 수상자들의 기념 연설에서 감명을 받은 바가 많기 때문인데, 유진 오닐·헤르만 헤세·타고르·버나드 쇼·파스테르나크·사르트르·베케르·솔제니친 등은 연설문을 남길 수 없었음이 웬만큼 아쉬운 게 아닙니다.

이제부터 수상자들의 연설에서 기억에 남길 만한 대목들을 간추려 소개해 보고자 하는데, 나의 주관에 따른 선별임을 양해해 주시기 바랍니다.

나는 오로지 폴란드어의 성과와 폴란드어가 담고 있는 정신에 경의를 표할 뿐이다.

—H. 시엔키에비치(1905, 소설가, 폴란드)

나는 이 상이 작가의 보잘것없는 창작 기술 때문이 아니라, 내 작품에 나타난 인간의 진실 때문에 주어진 것으로 믿는다.

—루이지 피란델로(1934, 극작가, 이탈리아)

만약 내가 비공식적인 신분으로 중국인을 위해 말하지 않는다면, 나 역시 진정한 내가 될 수 없다. 그것은 내가 오랜 시간 동안 중국인의 삶을 완전히 내 삶으로 만들어 버렸기 때문이다.

—펄 벅(1938, 소설가, 미국)

수년 동안 나는 혼자 황야에서 소리치고 있었다. 시간이 좀 지나자 나는 소수의 사람들 앞에서 외치게 되었다. 마침내 오늘 이 자리에 온 여러분들은 내가 믿는 소수의 도덕이 틀리지 않았으며, 늦었지만 그것이 옳았음을 증명해 주고 있다.

—앙드레 지드(1947, 소설가, 프랑스)

한 시인이 자기 민족의 언어로 말을 할 때는 그에게 영향을 끼친 외국의 시인도 함께 말하고 있는 것이다.

—T. S. 엘리어트(1948, 시인, 영국)

인간의 영혼을 고상하게 만드는 것이 작가가 마땅히 해야 할 직무이다.
─윌리엄 포크너(1949, 소설가, 미국)

나는 이 상을 받을 자격이 없다고 느낍니다.
─윈스턴 처칠(1953, 정치가, 영국)

진정한 작가는 책을 쓸 때마다 자신의 재능을 개척할 수 있는 새로운 시도를 해야 한다.
─어니스트 헤밍웨이(1954, 소설가, 미국)

제가 보기에 예술은 고독한 향락이 아닙니다. 그것은 인간의 공통적인 괴로움과 기쁨의 유별난 이미지를 제시함으로써 많은 사람들을 감동시키는 수단입니다.

당연히 작가는 오늘날 역사를 만드는 사람이 아니라 역사를 겪는 사람을 위해 봉사할 수밖에 없습니다. 만일 그렇지 않다면 그는 외톨이가 되어 자신의 예술을 잃게 될 것입니다.

오늘날엔 핵무기에 의한 파괴의 위협을 받는 세계 속에서 우리의 자식과 작품을 길러나가야 합니다.

(카뮈는 노벨문학상 수상의 영예를 자신의 초등학교 스승인 루이 제르맹에게 돌렸고, 수상 후의 스톡홀름 대학생들과의 토론에서 "나는 정의를 믿습니다. 그러나 정의에 앞서 나의 어머니를 더 옹호합니다."라는 말을 남겨 더욱 화제가 되었다)
─알베르 카뮈(1957, 소설가, 프랑스)

모두가 알듯이 시는 고독 안에서 자신을 형상화하고, 그 영역을 사방으로 넓혀 간다. 시는 독백의 방식으로 사회에 말하지만, 사회나 정치의 수단으로 이용되지는 못한다. 그렇지만 시는 그것이 서정시라 하더라도 언제나 우리에게 뭔가를 말하고 있다.
　　　　　　　　　　―살바토레 콰시모도(1959, 시인, 이탈리아)

핵폭탄 앞에서 시인의 '땅이라는 등燈' 이 목적을 비출 수 있을까. 가능하다. 인류가 그 땅을 기억하기만 한다면….
　　　　　　　　　　―생 존 페르스(1960, 시인, 프랑스)

아마도 글을 쓴다는 것은 능력이 없거나 삶의 희망을 잃고 스스로를 표현할 힘조차 없는 모든 사람들의 이름을 걸고 이야기해야 하는 그의 소명일지도 모릅니다.
　　　　　　　　　　―이보 안드리치(1961, 소설가, 보스니아)

작가의 임무는 인류의 정신과 영혼 속의 위대한 능력을 알리고 찬양하는 것이다.
　　　　　　　　　　―존 스타인벡(1962, 소설가, 미국)

나는 책에서 시 쓰는 방법을 배울 수 없었기 때문에 후배 시인들에게 시에 관한 지식을 알려 줄 수 있다고 생각하지 않는다. 나는 나의 인생의 여정 속에서 언제라도 필요한 도움을 찾을 수 있었다.
　　　　　　　　　　―파블로 네루다(1971, 시인, 칠레)

시는 시인의 질문과 독자의 화답으로 이루어지는 정교한 대화다.
　　　　　　　　　　―비센테 알레익산드레(1977, 시인, 스페인)

우리의 가장 큰 적은 우리의 삶을 믿게끔 만들 수 있는 전통적인 도구가 부족하다는 것입니다. 이것이 바로 우리 고독의 핵심입니다.
―가브리엘 가르시아 마르케스(1982, 소설가, 콜롬비아)

글은 바로 우리의 두 손으로 바칠 수 있는 최고의 것을 바치는 것이다.
―옥타비오 파스(1990, 시인, 멕시코)

성차별적인 언어, 인종차별적인 언어, 일신교적인 언어, 이러한 모든 언어는 경찰 같은 지배 언어의 전형으로 새로운 지식을 허용할 수도 없고 허용하지도 않거나, 상호교환하는 일을 장려할 수도 없고 장려하지도 않습니다.
―토니 모리슨(1993, 소설가, 미국)

예전에 뛰어난 한국 시인의 정치적 자유를 요구하는 단식 투쟁에 참가했던 저는 지금 톈안먼 사건 이후 표현의 자유를 잃은 훌륭한 중국 소설가들의 운명을 우려하고 있습니다.
―오에 겐자부로(1994, 소설가, 일본)

연설에서는 늘 첫마디가 제일 어렵다고들 합니다. 자, 이미 첫마디는 이렇게 지나갔군요.
하지만 시의 경우에는 '교수'라는 타이틀이 없습니다. … '시인'이 되기 위해서 정말 중요한 것은 도장이 찍힌 증명서가 아니라 훌륭한 시가 적힌 종이 쪽지입니다.
―비스와바 쉼보르스카(1996, 시인, 폴란드)

패배자들에게 말할 기회를 주는 것은 승리에 의문을 제기하는 행위입니다. 자기 주위에 패배자를 불러 모으는 사람은 패배자의 편입니다.

—귄터 그라스(1999, 소설가, 폴란드)

혼잣말은 문학의 출발점이라 할 수 있습니다.

과거에 문학이 주로 정치세력과 사회 관습의 압박에 시달렸다면, 오늘날 문학은 이 사회의 상품 소비적 가치관에 대항해 생존해야만 하고, 그러기 위해서는 스스로 외로움을 기꺼이 감수해야 합니다.

—가오싱젠(2000, 소설가, 중국)

이미 얼마 전부터 작가는 더 이상 자신이 세상을 바꿀 것이며, 자신의 단편과 장편으로 보다 나은 삶의 모델을 낳겠다는 자만심을 버렸습니다. 그저 단순하게 증인이 되기를 원할 뿐입니다.

작가는 언어를 사용하는 것이 아니라, 반대로 언어에 봉사합니다.

—르 클레지오(2008, 소설가, 프랑스)

노벨문학상 수상 연설문 가운데서 내가 가장 감동을 받은 것은 오르한 파묵(2006, 소설가, 터키)이었습니다.

그는 "'글쓰기'라고 하면 먼저 소설, 시, 문학적 전통 같은 것들이 아니라 방 안에 틀어박혀 책상 앞에 앉아서 홀로 자신의 내면으로 침잠하여 단어들로 새로운 세상을 만드는 이가 눈앞에 떠오릅니다.", "작가는 자신의 삶을 타인의 이야기로 천천히 표현할 수 있습니다.", "작가가 되기 위해서는 인내와 시련만으로는 충분하지 않습니다. 무엇보다도 사람들, 친구들, 그리고 평범한 일상 내지 자질구레한 것들로부터 벗어나 자신을 방에 가두고자 하는 자극이 있어야 합니다.", "저는 다른 사람들도 작가의 상처들과 유사한 것을 가지고 있으며, 그 태도에 그들은 서로 닮았고, 서로를 이해하리라는 믿음을 가지고 있습니다. 진정한 모든 문학은 인간들이 서로 닮았다는 이러한 순수하고 낙관적인 믿음에 근거합니다."와 같은 금언도 남겼지만, 내가 가장 소개하고 싶은 것은 다음의 말입니다. 좀 길더라도 꼭 읽어 주시기 바랍니다.

여러분도 알다시피 사람들이 우리 작가들에게 가장 많이 물어보고 가장 물어보기 좋아하는 질문은 이것입니다. 당신은 왜 글을 씁니까? 저는 쓰고 싶어서 씁니다! 다른 사람들처럼 정상적인 일을 할 수 없었기 때문에 씁니다. 제가 쓴 것 같은 책들을 읽고 싶어 씁니다. 여러분 모두에게, 모든 사람들에게 아주 많이 화가 나기 때문에 씁니다. 방에서 하루 종일 앉아 글을 쓰는 것을 좋아하기 때문에 씁니다. 오로지 현실을 바꾸었을 때에만 그것을 견뎌 낼 수 있기 때문에 씁니다. 저 자신, 다른 사람들, 그리고 우리들이 이스탄불에서, 터키에서 어떤 삶을 살았고, 살고 있는지를 전 세계가 알았으면 해서 씁니다. 종이, 연필, 그리고 잉크 냄새를 좋아하기 때문에 씁니다. 문학을, 소설을 무엇보다 더 신뢰하기 때문에 씁니다. 저의 습관과 열정이기 때문에 씁니다. 잊히는 것이 두렵기 때문에 씁니다. 문학이 제게 가져다준 명성과 관심이 좋기 때문에 씁니다. 홀로 있기 위해 씁니다. 여러분 모두에게, 모든 사람들에게, 제가 왜 그토록 화가 많이 나 있는지를 어쩌면 이해시킬 수 있을 거라는 생각에 씁니다. 제 작품이 읽히는 것이 좋아서 씁니다. 한번 시작한 이 소설을, 이 글을, 이 페이지를 이젠 끝마쳐야지 하는 생각에 씁니다. 도서관들이 영원할 것이며, 저의 책들이 그 서가에 꽂힐 것이라는 것을 순진하게 믿기 때문에 씁니다. 삶, 세계, 모든 것이

믿기 어려울 정도로 아름답고 경이롭기 때문에 씁니다. 삶의 그 모든 아름다움과 풍부함을 단어들로 표현하는 것이 즐겁기 때문에 씁니다. 이야기를 하기 위해서가 아니라 이야기를 만들기 위해서 씁니다. 항상 갈 곳이 있는 것 같지만, 마치 꿈속에서처럼 도저히 그곳에 갈 수 없다는 느낌에서 벗어나기 위해 씁니다. 도무지 행복할 수 없었기 때문에 씁니다. 행복하기 위해 씁니다.

당신은 위의 24개의 글을 쓰는 이유 가운데서 몇 가지에 공감하셨는지요. 그리고 당신만의 이유는 따로 있는지요.

연설문들을 읽노라니 2008년도 수상자인 르 클레지오가 '황석영'을, 그리고 1994년도 수상자인 오에 겐자부로가 '김지하'를 언급한 대목이 눈에 번쩍 띄었습니다. 한국 최초의 수상자의 연설문도 접할 수 있을 때가 곧 오겠지요.

마크 트웨인은 "어려서 상을 받고서도 좋아하지 않는 어린이와, 40이 넘고서도 상을 받고 좋아하는 사람은 문제가 있다."고 했는데, 실제로 1952년 노벨평화상 수상자인 슈바이처는 "하고 많은 병원 일을 두고 훈장 나부랭이나 받으려고 긴 시간을 낼 수 있겠는가?" 하고 시상식에는 가지 않았습니다. 참 부럽습니다. 그리고 더 존경하게 됩니다.

끝으로 한 가지만 더 추가하겠습니다. 1966년도 노벨문학상 수상자인 사무엘 요세프 아그논(그리스)의 생존시, 그의 마을 입구에는 다음과 같은 표지판이 세워져 있었다고 합니다.

"여기서부터는 경적을 울리지 마십시오. 이곳에서는 아그논이 집필을 하고 있습니다."

더 부러운 얘기입니다. 문청 시절에 바로 이 푯말이 얼마나 나를 열망케 했던지, 그 꿈의 잔해가 아직도 노벨문학상이라고 하면 가슴을 설레게 하는 것입니다. 어쩌다 할머니가 된 '그 소녀'가 "우리 스톡홀름엔 언제 가요?" 하고 놀릴 때마다 내 꿈의 잿더미 속에서는 작은 불씨 하나가 반짝 빛을 냅니다.

그럼, 또⋯.

2010. 1. 24

※추신: 이 글을 쓰는데『노벨문학상 100년을 읽는다』(마치엔 외 지음, 최옥영·한지영 옮김, 지상사),『아버지의 여행가방』(오르한 파묵 외 공저, 이영구 외 옮김, 문학동네),『끝과 시작』(비스와바 쉼보르스카 지음, 최성은 옮김, 문학과 지성사) 등을 주로 참고했음.

'병'과 문학에 대하여

 첫 편지를 쓴 지 2년이 지났습니다. 그동안 '늙은 시인'이라고 자칭해 오면서 적잖이 겸연쩍었는데, 이제 '고희'를 맞고 보니 '노老' 자가 그리 어색하지는 않게 되었습니다.
 그런데 말입니다, 나이가 더해 가면서 육신의 여기저기가 오래된 집처럼 자꾸 허물어져 고장이 나지 뭡니까.
 김동인은 "병이라는 것은 한 아름다운 꿈이외다. 아편과 같고 공상과 같은 한 즐거운 환각이외다. 그런 즐거움을 맛보지 못한 사람은 불행하고 가련한 사람이랄 수도 있습니다."라고 했지만, 그것은 건강할 때의 낭만적인 꿈이지, 늙어서 병이 들면 그보다 불행하고 가련한 일이 어디 있겠습니까.
 이 '병病과 문학'이라는 화두는 내가 몇 년 동안 시달려 온 '제3차 신경통'이라는 병 때문에 입원·수술을 예약하고 자연스럽게 떠오른 주제인 것입니다.

  사실 나는 태어나자마자 폐결핵을 앓게 되어 생사의 기로에서 간신히 살아나 출생신고도 1년이 늦어졌고, 그 후로도 잔병치레가 일상인 유소년기를 보냈습니다. 한마디로 '죽음'과 늘 함께 살았습니다. 매일 '이것이 나의 마지막 밤'이라며 일기를 썼습니다. 서른 살은 넘겨 살 수 없으리라는 구절도 눈에 띕니다. 그런데 고희가 되었으니 공연히 쑥스러워지기도 하지만, 나만큼 인생의 덤을 받은 사람도 없을 것입니다. 그 '덤'을 시로 갚겠다고 벼르고 별렀는데, 그게 어디 마음대로 될 일이겠습니까.

  때문에 나의 시 가운데는 병에 관한 것이 참 많습니다. 그중에는 다음과 같은 시도 있습니다.

누구나
몸에 걱정 하나
마음에 병 하나를
깊이 깊이 묻고 사나니

그 몸 아픔
그 마음 켕김

걱정도 그윽해지면
영혼의 노래 되고
병도 잘 다스리면
육신의 복음福音 되나니

거기에 이르는 길은
오직 사랑뿐,
그 밖의 다른 구원을
얻으려 하지 말라.

―〈사랑 잠언·1〉 전문

그렇습니다. 나이가 들수록 사이좋게 지내야 할 대상이 두 가지 있습니다. 바로 병과 외로움입니다. 그들과 친하지 못하면 삶도 시도 망가집니다. 나는 평생을 병과 아주 친하게 지냈습니다. 며칠 전에는 이런 시도 썼습니다.

나이가 들어갈수록
지갑 속엔 진료 카드만 는다

은행 카드를 인출기에 쏙 넣으면
수표가 쑥쑥 나오듯
진료 카드도 쑤욱 넣으면
병들이 쭉쭉 빠져나가는 기계는 없을까

살아간다는 것은
병을 저축해 간다는 것
내 육신이 질병 은행이요
시詩가 그 이자였거니
병 중에도 시병詩病이 만성 고질이었구나.

―〈시병詩病〉 전문

유베날리스는 "많은 사람들이 글쓰기라는 불치병에 걸려 있고, 그것은 그들의 병든 정신 속에서 만성적이다."라고 했는데 이는 꼭 위의 시에 맞는 말입니다. 내가 시인이 된 것도 사실은 병 때문이었습니다. 어려서부터 아파 누운 채로 많은 시간을 보내자니 자연스럽게 책을 가까이 하게 되었고, 그러다가 소월의 시집 『진달래꽃』을 접하고 '시' 에 빠져들게 된 것이지요. 내가 시인의 탄생을 '운명' 이라고 일컫는 것도 그 때문입니다. 병만큼 사람의 운명에 영향을 행사하는 것도 없을 것입니다. 병은 곧 죽음과 직결되기 때문입니다. 하이네는 "인생은 병이요, 세계는 병원이다. 그리고 죽음이 우리의 의사인 것이다."라고 했습니다.

하이네는 또한 "병이야말로 창작의 무한한 충동적이며 궁극적인 원인이 된다. 창작하면서 나는 치유되고, 창작하면서 건강을 얻었다."고도 했습니다. 오늘날의 '시 치료(poetic medicine)' 의 선구자라 할 만합니다. 여기에는 의학(Medicine)의 어원인 'Media' 가 '무당·영매·매개자' 의 여신이라는 사실과도 무관하지는 않습니다.

병과 문학을 생각할 때, 나는 언제나 호머, 밀턴, 보르헤스가 말년에 '장님' 이 되었다는 것을 생각하곤 합니다. 그들은 육신의 눈이 아니라 '영혼의 눈' 으로 더 넓은 상상의 세계를 볼 수 있었던 것입니다.

문학과 병의 관계에서 가장 으뜸으로 논의되는 것은 '폐결핵' 이고, 그다음이 '매독' 입니다. 매독부터 얘기하자면 보들레르·랭보·오스카 와일드·플로베르·하이네·모파상 등이 이 병으로 고생했고 대부분 죽음의 원인이 되기도 했습니다.

19세기에 명성을 날렸던 매독학자 필립 리코르는 "태초에 하나님께서 하늘과 땅, 그리고 성병을 창조하셨다."고 성병의 만연을 지탄했습니다. 그게 바로 매독입니다. 대학 시절에 매독에 걸린 와일드가 '보들레르의 병'이라고 부를 정도로 보들레르는 매음굴을 자기 집처럼 드나들었습니다. 결과야 뻔한 것이지요. 그는 스물네 살 때 매독의 고통스러움에서 벗어나기 위해 자살까지 시도했습니다. 그 유명한 『악의 꽃』은 그러한 삶의 현장 증언들인 것입니다.

플로베르도 매독의 은둔 생활을 하며 『보바리 부인』을 써냈지만 20세 때 매독에 걸린 모파상은 〈병상 번호 29〉라는 소설에서 전쟁 때문에 매독에 감염된 여주인공이 "내가 죽인 적군의 수가 당신의 총에 죽은 병사들보다 많을 거예요."라고 항변합니다.

실제로 모파상은 매독 환자임을 판명받고서 "나는 매독에 걸렸다…. 나는 자랑스럽다. 제기랄, 부르주아와 함께 지옥에나 가라지. 할렐루야, 나는 매독에 걸렸다. 이제 더 이상은 매독에 걸릴까 봐 불안해하지 않아도 된다. 거리의 매춘부나 헤픈 여자들과 재미를 본 뒤 '미안하지만 나는 매독 환자야'라고 속삭여 줄 것이다. 놀라는 얼굴을 보며 한바탕 웃어 줘야지."라는 글을 남겼습니다.

매독에 비해 '폐결핵'은 참 묘한 병입니다. 내가 문학소년이었던 시절만 해도 시인이라면 으레 가난·요절·폐결핵의 상징처럼 여겨졌습니다. 이는 특히 낭만주의의 영향인 것입니다. 『은유로서의 질병』이라는 명저의 저자 수전 손택이 지적한 대로 "폐의 질병은 은유적으로 영혼의 질병"으로 칭송되었던 것입니다. 곧 결핵은 '사랑이라는 질병의 변형'이라는 것이지요.

이에 따라 한때는 결핵의 치료법으로 성교가 권장되기도 했고 헨리 제임스의 소설 『비둘기의 날개』에는 결핵 환자인 여주인공에게 주치의가 '연애'를 권유하는 대목이 나오기도 합니다. 이러한 결핵의 열정성으로 해서 "결핵이 점차 사라지는 바람에 오늘날 문학과 예술이 쇠퇴하고 있다."고 진단하는 평론가도 있었습니다.

셸리, 키츠, 휘트먼, 포, 메리메, 체호프, 도스토예프스키, 스티븐슨, 아미엘, 카프카, 브론테 자매, 에머슨, 몰리에르, 오닐, 소로, 그리고 이상과 김유정…, 이루 다 소개할 수 없을 정도로 많은 문인들이 폐결핵 환자였고, 투르게네프의 『그 전날 밤』, 스토 부인의 『톰 아저씨의 오두막』, 디킨스의 『돔비와 아들』, 앙드레 지드의 『배덕자』, 헨리 제임스의 『비둘기의 날개』, 제임스 조이스의 〈죽은 자들〉, 골드스미스의 『지는 것이 이기는 것』, 오 헨리의 〈마지막 잎새〉, 위고의 『레미제라블』, 오닐의 『밤으로의 긴 여로』 등등의 작품은 모두 폐결핵과 관계됩니다.

특히 결핵 요양소에서 주인공인 한스 카스트로프가 7년간의 투병 생활을 하는 토마스 만의 『마의 산』은 당대 유럽인들의 병과 건강, 사회와 인생을 문명 비평적으로 조감한 폐결핵 소설의 압권입니다. 작중 인물들의 대화 속에 "이 질병의 증세는 사랑의 힘이 드러나는 것을 감출 뿐입니다. 질병이란 게 원래 변형된 사랑일 뿐이죠."라는 말이 퍽 인상적입니다.

이런 관점들에 대해서 수전 손택은 "낭만주의적인 가치에서 보자면, 질병이란 정념으로 가득 차 있을 때에 나타나는 것이라는 생각 때문에 어떤 질병을 앓고 있다는 사실이 매력적으로 보이는 것이다."라고 평했습니다.

폐병 진단을 받은 카프카는 "내 폐에 생긴 전염병은 상징에 불과해."라고 일기에 썼습니다. 그 '상징'이라는 말 속에서 우리는 사랑·운명·문학·인생·죽음 등의 상징성을 읽게 됩니다. 일찍이 셸리는 키츠에게 "나는 자네가 늘 폐병 환자 같은 얼굴을 하고 있었다고 알고 있네."라는 편지를 씁니다. 그리고 "폐병은 자네처럼 멋진 시를 쓰는 사람들을 특히 좋아하는 법이라네."라는 대목을 추가했습니다.

이상은 문학의 경우만을 일별한 것이지만, 푸치니의 오페라 〈라보엠〉이나 베르디의 〈라트라비아타〉, 하다못해 서부영화 'OK목장의 결투'에서도 주인공들이 폐병 환자입니다. 어머니와 누나가 결핵으로 죽는 모습을 보고 평생을 폐병 공포증에 시달렸던 화가 뭉크가 '절규', '병든 아이'와 같은 작품을 그리게 됐다는 것은 널리 알려진 얘기입니다.

현대에 들어오면서 폐병과 매독은 점점 사라지고, 그 자리를 암과 에이즈가 차지하게 됩니다. 이에 대해서 논급을 할 만한 구체적인 자료들을 갖고 있지는 못합니다마는, 누군가 세계문학사에서 '병과 문학'에 관한 자료들을 집대성한다면 아주 뛰어난 문학연구가 되리라고 확신합니다. 얼핏 생각나는 작품들만 하더라도 톨스토이의 『안나 카레니나』, 보카치오의 『데카메론』, 까뮈의 『페스트』, 솔제니친의 『암병동』, 입센의 『유령들』, 에릭 시걸의 『러브 스토리』, 에밀 졸라의 『목로주점』 등이 있습니다.

아니, 더 중요한 사실이 하나 있습니다. 오늘날에는 몸의 병보다 마음의 병, 곧 정신질환이 더욱 기승을 부립니다. 그러니 질병문학의 리스트에 이들까지 포함시킨다면 문학병동은 더욱 풍성해질 것입니다. 어떤 의미에서는 문인들 자신이 정상적인 정서의 소유자가 아닌 듯도 싶고, 작중 인물들도 모두 이상 성격의 소유자들처럼 느껴지기도 합니다. 그렇지요. 그 누가 햄릿, 돈키호테, 로빈슨 크루소, 지킬과 하이드, 장발장, 네모 함장, 프랑켄슈타인, 오이디푸스 왕, 베르테르, 로미오와 줄리엣, 타잔, 라스콜리니코프 등등을 정상적인 인물들이라고 생각하겠습니까.

> 아이가 없는 여자들이 암에 걸리지
> 그리고 퇴직한 남자들도
> 어떤 분출구가 있어야만 하는 것 같아
> 자신들의 좌절된 정열을 내뿜을 수 있는.
> ―W. H. 오든, 〈기 양(Miss Giee)〉에서

오든은 만병의 근원이라는 스트레스, 곧 '좌절된 정열'의 분출을 병인病因 제거의 원천으로 제시합니다.

A. 포프가 "음악은 내가 인생이라는 나의 오랜 질병을 견디도록 도와주었다."라고 했듯, 문학 창작은 '좌절된 정열'의 해소책이 분명합니다. "창작하면서 나는 치유되고, 창작하면서 건강을 얻었다."(하이네)는 말을 다시 떠올려 봅니다.

이런 의미에서 나는 시인을 '영혼의 의사'라고 부르고자 합니다. 많은 사람들에게 무한한 감동을 줌으로써 삶의 의미를 되찾게 해주는 시야말로 항생제로서는 불가능한 영혼의 명약이 아니겠습니까. 영혼의 병이 깊을수록 다른 사람의 마음의 병을 치유해 줄 수 있는 것이니, 버지니아 울프의 어머니인 수필가 줄리아 덕워스 스티븐의 다음과 같은 말을 거듭 음미해 주시기 바랍니다.

> 앓는 방법을 배우기란 쉽지 않지만, 가장 많은 고통을 받았던 사람들은 대개 이 방법에 통달해 있었다.

나에게는 나의 '시인 됨'을 가늠하기 위해 스스로 묻는 질문이 하나 있습니다. 그것은 "너의 삶이 가장 괴로울 때, 시인이라는 사실에서 위안을 얻는가?"라는 것입니다. 시에 영혼을 위탁했느냐는 것이겠지요. 입원을 하기 전날 쓴 글이라서 두서가 없었음을 양해해 주시기 바랍니다.

그럼, 또….

2010. 2. 23

※추신: 병과 문학 예술 전반에 걸친 영향에 대해서는 『매독』(데버러 헤이든 지음, 이종길 옮김, 길산), 『은유로서의 질병』(수전 손택 지음, 이재원 옮김, 이후), 『문명과 질병』(헨리 지거리스트 지음, 황상익 옮김, 한길사), 『질병이 탄생시킨 명화』(문국진 지음, 자유아카데미) 등을 참고해 주십시오.

늙은 시인으로부터의 편지 · 26

'고백'으로서의 문학

지난번 편지에서 말씀드린 것처럼 나는 삼차신경통이라는 병으로 뇌수술도 받고 감마나이트 시술도 받았습니다.

    삼차신경통으로 뇌수술을 받았다
    나이 70에 뇌수술이라니
    식구들의 걱정은 '혹시 잘못되면…'으로 복잡했겠지만
    나는 다른 건 다 제쳐 놓고
    시詩만 다시 쓸 수 있으면 했다

    하루를 딴 세상에 가 있다가
    의식을 되찾은 지 며칠 후
    먼저 시詩부터 써 봤다

이게 처음 쓴 시詩다
이 한 편으로 나는 재등단한다

그래, 머리에 칼자국으로 남는 수술이
평생을 다진 시詩자국을 당하랴
아, 그런데 비평가들은 펜칼로
날마다 시詩 수술을 해댄다
그래 가지고 시詩가 살아남을는지.

—〈수술〉 전문

더 이상의 설명도 필요 없는 임상 보고시입니다. 일종의 고백성도 깃들어 있지요.
　'고백' 이라고 하면 무엇이 먼저 떠오르는지요. 사랑의 고백, 가톨릭의 고백성사, 범죄자의 자백, 양심선언의 진실 고백 등은 모두 고백의 형태입니다. 그러나 이들은 모두 말로 하는 것입니다. 이 말로 할 고백들을 일기에, 편지에, 자서전에 쓰면 훌륭한 '고백문학' 의 범주에 들 수도 있지요.
　나는 첫 편지에 "편지는 '나는 그립다' 는 뜻이고, 일기는 '나는 외롭다' 는 뜻"이라고 했습니다. 편지와 일기의 속성을 고백의 원동력인 그리움과 외로움에게서 찾은 것이지요.
　일반적으로 '고백문학' 이라고 하면 자서전을 일컫는 것이고, 일기와 편지는 '일기문학', '서간문학' 이라고 지칭됩니다. 물론 일기체·서간체로 쓰인 문학작품이 이에 해당되는 것이지만, 문학성이 높은 일기와 편지도 이에 포함시킵니다.
　먼저 서간문학부터 생각해 보겠습니다. 우리는 무엇보다도 먼저 호라티우스(B.C. 65~B.C. 8)의 저 유명한 『시학』이 사실은 『피소 3부자에게 보내는 서간문』이었음을 상기하게 됩니다. 그는 이 글에서 "현대적 감각에 알맞은 단어를 만들어 내는 것은 예나 지금이나 시인의 권리입니다.", "만일 그대가 나를 울리고자 한다면, 먼저 그대 자신이 고통을 느껴야 할 것이오.", "그대들은 그리스인들의 작품을 본보기로 삼으십시오.", "올바른 시작의 원리와 근원은 분별력입니다.", "심사숙고된 소재에는 언어가 따르게 마련입니다.", "시인은 이익을 주고자 하거나, 또는 쾌감을 주고자 하거나 또는 쾌감과 인생에 대한 유익한 것을 동시에 주고자 합니다.", "시는 그림과 같습니다.", "훌륭한 시를 만드는 것은 타고난 재능이냐 아니면 숙련이냐고 사람들은 묻습니다. 하지만 나로서는 풍부한 광맥이 결여된 노력이나 가꾸지 않은 재능이 무슨 소용이 있는지 알지 못합니다. 양자는 서로의 도움을 필요로 하며 서로 제휴한다고 봅니다.", "사람들은 시인들에게 자살할 권리와 자유를 허용해야 합니다."와 같은 주장을 펼칩니다.

　서간문학은 소설 형식에 더 적합하여 몽테스키외의 『페르시아인의 편지』, 루소의 『신 엘로이스』, 괴테의 『젊은 베르테르의 슬픔』, 스탈 부인의 『델핀』, 발자크의 『두 젊은 아내의 수기』, 몽테를랑의 『젊은 아가씨들』 등이 유명하고, 한국의 경우 『춘향전』과 『심청전』에도 서간체가 삽입되어 있지만 이광수의 〈어린 벗에게〉, 염상섭의 〈제야〉, 나도향의 〈별을 안거든 울지나 말걸〉 등이 있습니다.

　서간체 시는 그 형식과 내용의 정립이 좀 애매하지만 예컨대 "가노라 삼각산아 다시 보자 한강수야"와 같이 특정 대상에 대한 호칭이 붙는 경우라든지, 최남선의 〈해에게서 소년에게〉라든가, 주요한의 〈봄〉, 이광수의 〈너도 청춘이다〉, 오상순의 〈돌아!〉, 변영로의 〈눈

[眼]〉, 홍사용의 〈꿈이면은〉, 이상화의 〈나의 침실로〉 등과 같은 시들, 그리고 현대시에서 많이 쓰여지는 〈○○○에게〉와 같은 작품들도 이에 해당된다 하겠습니다.

　서간문학에 비해 일기문학은 단순한 면이 있습니다. 그러나 이에도 아미엘의 『일기』와 『안네의 일기』처럼 널리 알려진 개인의 일기가 있고, 작품으로는 고골리의 『광인의 일기』, 투르게네프의 『사냥꾼 일기』, 노신의 『광인 일기』 등이 있는가 하면, 스탕달·콩쿠르 형제·앙드레 지드·버지니아 울프 등의 일기도 높이 평가받고 있습니다. 한국의 경우에는 박지원의 『열하일기』나 충무공의 『난중일기』가 있지요.

　'전기문학傳記文學'이라고도 불리우는 고백문학의 본류인 자서전은 아우렐리우스의 『명상록』과 아우구스티누스의 『참회록』으로부터 시작해서 루소의 『참회록』, 밀·프랭클린·간디·네루의 『자서전』을 비롯하여, 괴테의 『시와 진실』, 안데르센의 『자서전』, 톨스토이의 『유년시대』, 고리키의 『나의 대학』 등, 실로 무수한 예들이 있습니다. 그동안 내가 감명 깊게 읽은 자서전 10권에 대해서는 열여덟 번째 편지에서 이미 언급한 바 있으니 참고해 주시기 바랍니다.

　괴테의 『시와 진실』은 너무 길기도 하고, 지리한 서술에 짜증도 나지만, 그 유명한 『젊은 베르테르의 슬픔』의 집필 동기가 나옵니다. "별안간 나는 예루살렘(괴테의 친구)이 사망했다는 소식을 접했고, 일반적인 소문이 퍼진 직후 그 사건에 대해 아주 정확하고 자세한 설명을 듣게 되었다. 그리고 이 순간에 『베르테르』에 대한 구상이 떠올랐다.", "한 친구의 부인에게 품은 불행한 애정이 원인이었던 예루살렘의 죽음은 나를 꿈에서 흔들어 깨웠다.", "이와 같은 상황에서 오랫동안 그리고 남몰래 많은 준비를 한 연후에, 전체의 구도든 혹은 어떤 부분을 다루든 사전에 미리 지면에 써 놓지도 않고, 나는 『베르테르』를 사 주일 만에 써버렸다.", "나 또한 감히 여러 명의 예쁜 소녀들의 자태와 특징으로 나의 로테를 빚었던 것이다." 그 불후의 명작을 단 사 주 만에 썼다니 역시 천부성과 열정의 소산이 아닐까 합니다.

이제 와서 고백하는 바이지만, 이번 편지를 쓰게 한 두 권의 책이 있습니다. 그 하나는 베르나르 앙리 레비와 미셸 우엘벡의 공저 『공공의 적』(변광배 옮김, 프로네시스)이고, 또 한 권은 버지니아 울프의 삶과 문학의 기록인 『어느 작가의 일기』(박희진 옮김, 이후)입니다.

앞의 책은 서로 성향이 다른 소설가(우엘벡)와 철학자(레비) 간의 논쟁과 자아성찰적인 고백이 담긴 28통의 편지로서 출판 전에 10만 부가 선 판매될 정도로 프랑스의 독서계를 뒤흔든 서간문학의 새로운 형태의 야심작입니다. 서로 질문하고 답하며 주고받은 편지 속에서 이들이 나눈 독창적이고 폭넓은 분야에 걸친 공박 내용은 일일이 소개할 수 없고 문학성이 있는 내용들만 간추려 보면 다음과 같습니다.

- 살아오면서 나는 오직 문학이라는 장場에만 관심을 두었고 거기에는 화를 낼 만한 거리가 없습니다.
- 출간된 책의 권수가 늘어남에 따라 그 존재 이유를 잃게 되고, 따라서 흥미를 유발하지 못하게 되는 그런 자기와 다른 누군가가 되는 것이 문제지요.
- 요컨대 만약 누군가가 나를 안다고 생각한다면 그것은 정보 부족으로 인한 오해의 소산일 것입니다.
- 참다운 불행은 내일 당장 무슨 일이 일어날지 모를 때 시작되는 것

입니다. …단순히 가난하기만 하다면 내일 무슨 일이 일어날지를 압니다.
- 또한 아주 어렸을 때 어머니로부터 버림받은 사실에 대해서도 고마워해야 합니다.
- 서점에서 시집들로만 가득 찬 서가를 마지막으로 본 것이 언제인지 기억이 나지 않습니다. …간단히 말해서 우리는 지금 시의 자리가 더 이상 존재하지 않는 세상에 살고 있습니다.
- 하지만 소설 출간 며칠 전에, 극단적으로 출간 당일에 소설가는 자기가 죽었다고 생각해야 합니다.

―이상, 우엘벡

- 내 판단으로 어쨌든 사나운 자들은 우선 겁먹은 자들이라고 생각하는 것이 맞습니다.
- 어쨌든 마지막 말을 하는 것은 작가입니다.
- 당신은 왜 글을 씁니까? 하루 종일 사랑을 할 수 없기 때문입니다. 당신은 왜 사랑을 합니까? 온종일 글을 쓸 수 없기 때문입니다.
- 나에게는 문학을 대체할 만한 정열이 없습니다.
- 언어인가, 사물인가? 나는 이와 같은 질문을 이해할 수 없습니다. 문학인가, 삶인가? 문학이 있기 '때문에' 삶이 있는 것입니다. 나에게 삶은, 내가 이 삶으로부터 언어를 이끌어 낼 수 있을 경우에만 의미가 있습니다.
- 우리 두 사람을 더 가깝게 해준 것, 그것은 우선 증오입니다.
- 삶으로 인해 작품의 가치가 떨어질 수도 있고, 또한 작품으로 인해 삶의 가치가 떨어질 수도 있습니다.

―이상, 레비

인용은 항상 즐겁습니다. 첫째는 그 책을 읽었다는 것이요, 둘째는 새롭게 깨달은 것이 많다는 것이요, 셋째는 적지 않은 문학적 동지들을 만났다는 것이기 때문입니다. 나의 책읽기를 한마디로 하자면 내 영혼의 지문에 부합되는 문맥을 찾기 위해서입니다.

이왕에 고백한 김에 이 글을 쓰게 된 충동의 진원을 밝히건대 그것은 사실 버지니아 울프의 일기 때문이었습니다.

『어느 작가의 일기』는 버지니아가 26세부터 자살하기 나흘 전까지 (1915. 1. 1~1941. 3. 28) 쓴 일기 가운데서 남편 레너드 울프가 문학에 관계되는 부분을 추려서 엮은 것으로서, 우리는 이 책자를 통하여 울프의 문학과 인생에 대한 고뇌, 특히 그가 자살에 이르기까지의 정신적 궤적을 여실히 짚어볼 수가 있습니다. 울프의 문학사적 중요성을 생각할 때, 그의 작품 연구에 요체라 할 수 있는 이 책이 50년이 훨씬 지나서야 번역·소개된다는 점이 웬만큼 아쉽고 안타까운 것이 아닙니다.

그런 심정으로 나는 650여 쪽의 일기 가운데서 주요 대목들을 발췌·인용함으로써 울프의 문학과 인생의 축도를 그려 보고자 합니다.

- 밀턴의 시를 읽고 나면 셰익스피어조차 약간 어수선하고 사사로우며, 격렬하고 불완전해 보일 것이다.
- 그러나 일기를 쓰는 것은 글을 쓰는 축에 속하지 않는다는 것을 알게 된다.
- 자기가 쓴 것이 출판되어 나온 것을 얼굴을 붉히거나, 떨거나, 얼굴을 가리지 않고 읽을 수 있는 날이 언제고 오기는 올까?
- 칭찬을 받지 않으면 아침에 글 쓰는 일이 힘들어진다.
- 조지 엘리어트는 자기 책에 대한 말을 들으면 글 쓰는 데 방해가

된다고 서평을 읽지 않았다.
- 글을 쓰고 있으면 우울증이 좀 가신다.
- 나는 '왜' 나, '무엇 때문에'에 대해 너무 많이 생각한다. 자신에 대해 너무 많이 생각한다.
- 내 병의 증상에 대해 적어 두어야겠다. 다음에 같은 증상이 나타났을 때 알 수 있도록. 첫날은 비참하고, 둘째 날은 행복하다.
- 내가 두려워했던 것은 내가 하찮은 존재로 무시당하는 것이다.
- 나 같은 마누라는 바구니에 담아 빗장을 걸어 잠가야 한다. 물려고 덤비니까!
- 나는 인기 작가가 되지 말아야 한다.
- 나는 생과 사 사이에 묘한 상태로 매달려 있다.
- 문학은 인생에서 나와야 한다.
- 시드니가 오면 나는 버지니아가 되고 만다. 그러나 글을 쓰고 있을 때의 나는 감수성 그 자체가 된다.
- 『율리시즈』를 다 읽었는데, 이것은 불발탄이라고 생각한다. 분명히 천재성이 있다고 생각한다. 그러나 저급한 종류의 것이다.
- 일급 작가들은 쓴다는 일 그 자체를 존경한 나머지, 남을 놀라게 하거나 묘기를 부리거나 하는 따위의 재주는 부리지 않는다고 말하고 싶다.
- 위대한 시인들이 있을 때는 조무래기 시인들도 그 영광의 얼마간을 받고 있었으므로 무가치하지는 않았다. 그런데 지금은 위대한 시인이 없다.(엘리어트의 말)
- 사실을 말하자면 쓴다는 것이 진짜 즐거움이고, 남에게 읽힌다는 것은 표면적인 것이다.
- '소설'이라는 말 대신 내 책들을 위한 새로운 이름을 발명해야겠

다는 생각이 든다. 새로운… 버지니아 울프 저, 뭐라고 한담. 만가挽歌?

- 제발 시를 버리지 말라고 말한 친구에게 '시가 나를 버릴까 봐 걱정이네요.'라고 말했다지요.(하디가 전한 시인 메어의 말)
- 무명으로 남아 있는 연습을 할 것.
- 자살하고 싶어진다. 이제 할 일이 아무것도 없어진 느낌이다.
- 시가 아닌 것을 왜 문학에 끼워 넣는가.
- 나는 너무 프로가 되어 버려 이미 꿈꾸는 아마추어는 될 수 없다.
- 나는 인생의 무상함에 너무 깊은 인상을 받아서 종종 안녕이라는 인사를 한다.
- 새로운 책을 위해 고독은 좋은 것이다.
- 내가 페미니스트라는 공격을 받을 것이고, 어쩌면 새피스트(동성연애자)라는 의심을 받을지도 모른다.
- 『익살스런 앨범』에서 바이런은 자기 나이가 백 살이라고 했다. 나이를 감정으로 가늠한다면 이것은 맞는 말이다.
- 후렴처럼 내 머릿속에 떠도는 말, 내 주위는 모두 아름다웠노라.
- 다다음 주에 나는 쉰 살이 된다. 어떤 때는 이미 250년을 산 것 같은 느낌이 들 때가 있다.
- 내가 두려워하는 것은, 고쳐 쓰는 것이 도가 지나쳐 전체를 못 쓰게 만들지나 않을까 하는 점이다.
- 나는 평론가라는 사냥개들을 멀리 따돌린 들토끼다.
- 나는 이 시대의 일류 소설가가 될지도 모를 위험에 처해 있다.
- 이번에는 버지니아 울프로서, 아, 지겹다. 맨체스터 대학의 부총장에게 문학박사가 되는 것을 사절한다는 말을 해야 한다.
- 나를 국가 명예훈장 후보로 추천하겠다는 수상의 편지, 사양했다.

- 형식이란 어느 하나가 다른 것을 바르게 이어 간다는 감각이다.
- 플로베르의 편지를 읽다가 나는 실제로 '오, 예술이여!' 라고 외치는 내 목소리를 듣는다.

좀 길었다는 생각이 드시나요? 그렇지 않습니다. 옮겨 소개하고 싶은 것들의 반의 반도 안 됩니다. 더구나 『어느 작가의 일기』 말미에는 "다시 미칠 거라는 느낌이 확실해요. 다시는 그 끔찍한 시련을 이겨 내지 못할 거라는 생각이 들어요."로 시작해서, "더 이상 당신의 인생을 망칠 수는 없어요. 나는 어느 두 사람도 우리만큼 행복할 수는 없었다고 생각해요."로 끝나는 남편에게 남긴 유서도 실려 있습니다.

문학 지망생들, 아니 모든 문학인들에게 이만큼 문학열을 불어넣어 주는 책도 없다는 생각에서 버지니아 울프의 고백들을 소개한 것입니다.

아, 이제 봄이네요. 마침 뇌수술 끝에 회복기를 보내고 있는 참이니, 나의 삶에도 시의 봄이 다시 시작되기를 염원해 봅니다.

그럼, 또….

2010. 3. 24

늙은 시인으로부터의 편지 · 27

인생이라는 여행

나는 지난 2년 3개월 동안 당신에게 긴 편지를 썼습니다. 그것은 시와 함께한 여행이었습니다. "생활이 인생의 산문이라면, 여행은 분명히 인생의 시다."(안병욱)라는 말이 문득 떠오르는군요.

그런데 이제 나의 시여행도 종착역에 다달아 이별의 인사를 나눠야 할 때가 되었습니다. 이별은 언제나 아쉬움을 남깁니다. 그래서 우선 당신과 함께한 여정이었기에 참 즐거웠다는 말로 아쉬움부터 달래고자 합니다.

이별이라고 하면 나는 그 옛날 학창 시절에 즐겨 보았던 서부영화 생각이 납니다. 대부분의 서부영화는 그 주인공이 악당들을 물리친 후, 석양에 말을 타고 홀로 떠나는 장면으로 끝납니다. 멀어져 가는 주인공을 배경으로 주제음악이 흐르는 가운데 'The End' 자막이 서서히 떠오를 때, 그 얼마나 감동을 받았는지요. 떠남을 통한 외로움의 세례를 흠뻑 받았지요.

그러나 이제 말을 타고 떠나는 사람은 없습니다. 말 대신 '차'가 등장했지요. J. 키츠는 뉴턴이 "무지개를 프리즘으로 환원시키는 바람에 시상詩想이 파괴되었다."고 한탄하면서 "현대는 자동차를 만나 한눈에 연심이 생기고, 마침내 차와 결혼을 해서 두 번 다시 목가적 세계로 돌아오지 못하게 되었다."고 원망했습니다. 차 중에서도 기차가 이별에는 적격이지요. 서부영화의 주인공처럼 점점 멀어지는 사람에게 손을 흔들어 줄 수 있으니까요. 이별하기 좋은 곳마다 역이 생기나 봅니다. 나에게는 기차에 관한 남다른 추억이 있습니다.

    나의 고향은
    급행열차가
    서지 않는 곳

    친구야

    놀러 오려거든
    삼등객차를
    타고 오렴.

—김대규, 〈엽서〉 전문

김광균은 "조그만 담배 연기를 내어 뿜으며/ 새로 두 시의 급행열차가 들을 달린다."고, 박성룡은 "오늘의 즐거운 내 여행은/ 삼등열차에서 비롯된다."고 노래했지만 나의 열차는 좀 다릅니다.

나는 1960년 초에 고등학교 졸업기념으로 그동안 습작한 시들을 추려 시집 『영靈의 유형流刑』을 내고 대학에 진학을 하게 되었습니다. 입학 날짜를 기다리고 있는 동안 당시만 해도 농촌에 지나지 않았던 안양에서 앞으로 4년 동안 기차 통학을 하게 될 일과 새로 사귀게 될 서울의 친구들을 생각하며 써 본 시입니다.

서정성이 주도는 하지만 약간의 비판성을 첨가했는데, 그것은 '급행열차'와 '삼등열차'로 대비되는 도시와 농촌, 부와 빈의 서민주의인 것입니다. 이로부터 물질과 정신의 대칭적 삶을 주제로 한 나의 '흙의 사상'이라는 연작시가 시작된 것입니다.

각설하고, 우리는 흔히 '인생은 여행'이라고 합니다. 그러나 여행은 목적지를 반환점으로 해서 되돌아오게 마련이지만, 인생에는 그 반환점이 없습니다. 종착역에 이르면 그것으로 여행이 끝나는 것입니다(이에 대해서는 뒤에서 얘기하겠습니다).

세계는
나의 학교
여행이라는 과정에서
나는 수없는 신기로운 일을 배우는
유쾌한 소학생이다.
　　　　　　　　　　　―김기림, 〈태양의 풍속〉에서

인생 여행은 누구나 "유쾌한 소학생"으로 출발합니다. 그러나 나이를 더해 가면서 세월의 열차를 어떻게 타느냐에 따라, 유쾌한 소학생의 위상은 두 부류로 나뉘게 됩니다.

① 내 때로 달리는 차에서 꽃을 보나
　어떻다 말하기도 전에 지나가 버린다.

— 로버트 프로스트

② 놓쳐 버린 저 열차는
　아, 얼마나 아름다우냐!

— 보들레르

일단 ①은 제때에 차를 탄 사람이고, ②는 차를 놓쳐 버린 사람입니다. 차 안의 사람과 차 밖의 사람, 곧 '인사이더'와 '아웃사이더'라 할 수 있지요. 환언하면, 인사이더는 사회의 적응자, 아웃사이더는 부적응자라 할 수 있습니다.

그런데 인사이더에게는 달리는 차 안에서 본 꽃의 아름다움을 이야기할 틈도 없는 아쉬움이 있고, 아웃사이더에게는 놓쳐 버린 열차가 오히려 아름답게 보이는 감정의 전도가 일어납니다. 이는 분명 정신적인 유희로서 아웃사이더는 그 위장된 낭만성으로 일상성·평범성·정상성을 혐오하는 냉소의 쾌재를 즐기는 것입니다. 이것이 기본적인 예술인과 일반인의 차이점이지요. 그래서 시인은 또 이렇게 노래하는 것입니다.

내 시의 한복판을
언제나 열차가 달려간다

그 열차에는 아마
네가 타고 있겠지

하지만
나는 그 열차를 탈 수 없다

시인은 언제나
그 차창 밖에서
떠나는 열차를 바라만 본다.

―테라야마 슈우지, 〈열차의 기억〉 전문

그렇습니다. 아웃사이더인 시인은 열차를 놓친 것이 아닙니다. 일부러 늦게 간 것입니다. 천부적인 나태함이 일탈의 자족을 도모하고, 거기에서 세상을 내동댕이친 자의 허탈의 불만을 만끽하는 것입니다. 스스로 서글픔을 만드는 것이지요. 그래서 "인생의 비애는 예술의 희열"(J. 무어)이 될 수 있는 것입니다. 보르헤스는 "길이 끝나자 여행은 시작됐다."고 했지만, 아웃사이더는 길을 없애려고 여행을 하는 자인 것입니다. 그럴진대 아웃사이더 앞에 놓인 것이 과연 무엇이겠습니까.

"인생이란 죽음을 향한 여행이다."라고 세네카는 정의했습니다. 그런가 하면 K. 맨스필드는 "나는 여행 준비를 할 때마다 마치 죽음을 준비하는 것처럼 한다."고 했습니다. 시인은 또 이렇게 노래합니다.

밤 중에 들리는 기적 소리는
멀리 간 사람과
이미 죽은 사람들을
생각케 한다.

―김광균, 〈기적〉에서

여행이 죽음을, 기적 소리가 죽은 사람들을 떠올리게 되는 것은 '떠남'에서 비롯된 것일 터입니다. 그래서 다음과 같은 단시를 재음미하게 됩니다.

나는 사라진다
저 광활한 우주 속으로.

―박정만, 〈종시終詩〉 전문

다음은 나의 차례입니다
자그마한 그곳에 내려 주십시오.

―조병화, 〈여종旅終〉 전문

위의 두 시인은 모두 "광활한 우주 속으로". "자그마한 그곳"으로 떠났지만, 아직은 살아 있어서 세월의 열차에 동승한 우리는 또한 인생의 종착역을 향해 달려가고 있는 게 아니겠습니까. 이런 생각에서 다음의 시는 어떨까요.

나는 평생
차를 갖지 않으련다

걸어서 가는 세상,
그렇게 가는 세월
또 그렇게 떠나면 되지

떠날 때 타게 될 차

마지막에 딱 한 번
가장 편히 타면 되지.

— 김대규, 〈마지막 차〉 전문

사실 죽음에 대해서는 쉽게 말할 것이 아닙니다. 아무리 말해 본들 그 실체를 드러낼 수 있는 것도 아니요, 더 잘 이해할 수 있는 것도 아니기 때문입니다. 다만 어쩔 수 없이 이 세상을 떠나야 하는 생명의 1회적 유한성에 대한 자위적인 주술일지도 모를 일입니다. 따라서 나는 '떠남'에 관한 한 가장 널리 애송되는 시 한 편을 여기 싣고자 합니다. 마지막 편지의 마지막 인사라는 점에서도 의미가 있지 않을까 합니다.

헤어지는 연습을 하며 사세
떠나는 연습을 하며 사세

아름다운 얼굴, 아름다운 눈
아름다운 입술, 아름다운 목
아름다운 손목
서로 다하지 못하고 시간이 되려니

인생이 그러하거니와
세상에 와서 알아야 할 일은
'떠나는 일' 일세

실로 스스로의 쓸쓸한 투쟁이었으며

스스로의 쓸쓸한 노래였으나

작별을 하는 절차를 배우며 사세
작별을 하는 방법을 배우며 사세
작별을 하는 말을 배우며 사세

아름다운 자연, 아름다운 인생
아름다운 정, 아름다운 말

두고 가는 것을 배우며 사세
떠나는 연습을 하며 사세

인생은 인간들의 옛집
아! 우리 서로 마지막 말
말을 배우며 사세.

—조병화, 〈헤어지는 연습을 하며〉 전문

2010. 4. 29

| 에필로그 |

시인의 두 종류

 마지막 편지를 쓰고 나니 공연히 허전해집니다. 이렇듯 짧지 않게 얘기를 했는데도, 가슴속에는 아직도 할 말들이 쌓여 있기 때문입니다. 뭔가 미진한 것, 뭔가 다 이루지 못한 느낌, 그래서 남는 아쉬움, 그게 시와 인생과 사랑이 아니겠습니까.
 문득 이런 생각이 듭니다. 보들레르는 30세 때, 젊은 시인이 너무 설쳐 댄다는 핀잔을 듣자, 당신들이 1분을 살 때 자기는 3분을 살았으니 90세가 아니겠느냐고 대들었고, 37세로 생을 마감한 바이런도 자신은 백 살을 살았노라고 호언을 했습니다. 그런가 하면 버지니아 울프는 50세를 맞으며 마치 250년을 산 것 같다고 일기에 썼습니다.
 이는 모두 치열하게 산 문인들의 인생의 포만감, 다시 말하면 고뇌와 열정으로 남다른 족적을 남긴 문인들만의 삶의 질량감이라고 생각합니다. 아, 그런데 말입니다. 그들과 서열을 같이하고자 하는 바는 아니지만, 나는 70세가 됐는데도 아직도 이상적인 시인상을 꿈꾸던 소년 시절의 '꿈' 속에 그대로 머물러 있는 느낌이지 뭡니까. 사실 이 편지들도 바로 그 꿈의 열망감으로 쓴 것입니다.

 대저 인생에 행복과 불행이 있듯이, 시인에게도 두 가지 종류가 있는 듯합니다. 나는 평소 이를 '시를 찾아 나서는 시인'과 '시가 찾아온 시인', 또는 '시를 쓰는 시인'과 '시를 사는[生] 시인'으로 즐겨 나누곤 합니다. 그러나 시인의 이분법은 그리 단순하지가 않습니다.

 플라톤은 일찍이 시인을 '신과 인간의 중매자인 신성한 음유시인'과 '일정한 기술의 작업자에 불과한 시인'으로 분류했습니다. 시성 괴테도 "시인에는 두 가지 종류가 있다. 보편을 위하여 특수를 찾는 시인과, 특수 속에서 보편을 찾는 시인 사이엔 대단한 차이가 있다. 더 말해서 후자야말로 시의 진정한 방법이다."라고 말했습니다.

 '타고난 시인'과 '만들어진 시인'으로 나눈 것은 J. S. 밀이고, '방법을 아는 시인'과 '시를 쓸 수 있는 시인'으로 가른 것은 티보테입니다. 에머슨도 '교육과 실습으로 된 시인'과 '타고난 시인'으로 분류했고, H. 블룸은 '강한 시인'과 '약한 시인'으로 나눴습니다. '좋은 시인'과 '나쁜 시인'으로 구분한 T. S. 엘리어트는 다음과 같이 썼습니다.

 미숙한 시인은 모방하고, 성숙한 시인은 훔쳐 온다. 나쁜 시인은 자기가 가져온 것을 훼손하지만, 좋은 시인은 그것을 더 나은 것으로 만든다. 아니면 적어도 다른 것으로 바꾼다. 좋은 시인은 도둑질해 온 것을 용접하여 독특한 감정으로 통합하기 때문에 가져오기 이전의 원래의 것과 완전히 다른 무엇으로 만든다. 반면에 나쁜 시인은 그것을 함부로 쑤셔 넣어 아무런 통일성이 없는 것으로 만들어 버린다. 좋은 시인은 시대도 다르고, 언어도 다르며, 관심도 다양한 다른 작가의 작품에서 기꺼이 빌려 오고자 한다.

이런 분류가 무슨 소용이 있겠습니까마는, 그래도 진정한 의미의 시인의 위상에 대해 고민을 할 때는 적잖은 참고가 되리라 생각합니다.

시인은 모름지기 '시인처럼' 꾸밈이 많아서는 안 되고, '시인답게' 살다가 '시인으로' 죽어야 합니다. 등단에, 시집에, 수상에, 협회 활동 등은 '시인처럼' 사는 것입니다. 초탈해야지요. 현실로부터는 멀리 물러나 뮤즈와 함께 살아야지요. 그래야 '시인답게' 살다가 '시인으로' 죽을 수 있는 것입니다. 그게 어디 쉬운 일인가요. 불세출의 시인 보들레르도 다음과 같이 소망하지 않았던가요.

내가 가장 하찮은 인간이 아니며, 나 자신이 멸시하는 자들보다 못나지 않았다는 것을 스스로 다짐할 수 있는 몇 줄의 아름다운 시를 쓸 수 있도록 해주십시오.

뮤즈는 보들레르의 소망을 들어주었던 것입니다. '시인답게' 살았기 때문이지요. 만일 당신이 시인이 되려거든, '시인'이라는 호칭을 얻는 데 부심하지 말고, 시인이 된 후 어떻게 '시인답게·시인으로' 살아갈까를 진지하게 생각해 주시기 바랍니다.

미지의 독자인 당신에게 편지를 쓰는 동안 나는 참 행복했습니다. 누군가 나의 글을 읽어 준다는 것, 그것은 나의 뜻이 받아들여졌음을 의미하는 것입니다. 다만 '뮤즈의 중매인' 역할을 제대로 하지 못한 것이 아쉬울 뿐입니다.

"그럼, 또" 다른 지면에서 만납시다.

2012년 6월

김대규

늙은 시인으로부터의 편지

발행 | 2012년 7월 10일
지은이 | 김대규
펴낸이 | 김명덕
펴낸곳 | 한강출판사
홈페이지 | www.mhspace.co.kr
등록 | 1988년 1월 15일(제8-39호)
주소 | 서울시 종로구 인사동 131번지 파고다빌딩 408호
전화 735-4257, 734-4283 팩스 739-4285

값 12,000원

ISBN 978-89-5794-224-6 03810

※저자와의 협약에 의해 인지는 생략합니다.
※잘못된 책은 바꾸어 드립니다.

ISBN 978-89-5794-224-6